Kai-Uwe Beger, Migration und Integration

Kai-Uwe Beger

Migration und Integration

Eine Einführung in das Wanderungsgeschehen und die Integration der Zugewanderten in Deutschland

Leske + Budrich, Opladen 2000

Gedruckt auf säurefreiem und altersbeständigem Papier.

Die Deutsche Bibliothek – CIP-Einheitsaufnahme

Beger, Kai-Uwe :

Migration und Integration : eine Einführung in das Wanderungsgeschehen und die Integration der Zugewanderten in Deutschland / Kai-Uwe Beger. - Opladen : Leske + Budrich, 2000

ISBN 3-8100-2567-4

Druck: DruckPartner Rübelmann, Hemsbach
Printed in Germany

Inhalt

1 Einleitung

Wanderungen waren in der Geschichte der Menschheit immer schon anzutreffen. Grohmann (1996, 1) versteht sie als ein

„Phänomen menschlicher und gesellschaftlicher Lebensgestaltung, in dem sich Weltoffenheit und Freiheit ebenso manifestieren können wie Repressionen und Lebensangst, Zukunftsvorsorge ebenso wie Abenteuerlust, Rückzug aus dem Arbeitsleben ebenso wie Bildungs- und Arbeitsstättensuche."

Migrationsanlässe können verschieden sein, es ähneln sich aber die jeweiligen Migrations- und Integrationsabläufe: Sie bilden ein prozeßhaftes Geschehen[1], welches die Motive, von einem sozialen und geographischen Raum in einen anderen zu gehen ebenso umfaßt wie die Wanderungen selbst und die Auswirkungen des Übergangs in einen anderen sozialen oder geographischen Raum. Wenn auch typische Phasen innerhalb dieses Prozesses aufweisbar sind, so ist hier mit Migration dennoch ein *kontinuierlicher* Differenzierungs- und Reintegrationsvorgang gemeint. Auf personaler Ebene verändern sich Existenzweisen (Hettlage-Varjas, A./Hettlage, R. 1995), auf gesellschaftlicher Ebene können sozialer Wandel und Neustrukturierungen hervorgerufen werden.

1.1 Sozialwissenschaftliche Erklärungsansätze und Migrationstypen

In den Sozialwissenschaften gibt es keine einheitliche Definition von „Migration": je nach theoretischem Hintergrund oder beschreibenden Interesse werden bei der Definition unterschiedliche Aspekte des vielschichtigen Phänomens betrachtet.[2] Für Blaschke (1997, 11) spiegeln sich in den Erklärungsansätzen der Wanderungsprozesse originäre Fragestellungen der Sozialwissenschaften wider. So enthalte die Migrationsdebatte der letzten Jahr-

1 Wie Blaschke (1997, 11) feststellt, verstand schon der Begründer der modernen Migrationsforschung, Ernst George Ravenstein (1885), Migration als sozialen Prozeß, in dem sich Gruppen, politisch und ökonomisch beeinflußt, entlang von Ketten bewegen.Migration ist also bereits Ende des 19. Jahrhunderts als ein komplexer Vorgang beschrieben worden, der von einer Vielzahl von Verhaltensweisen und Randbedingungen abhängt und daher im historischen Kontext und nicht nur situational begriffen werden sollte.

2 Vgl. etwa die bei Treibel (1990, 18) oder Santel (1995, 20) angeführten Erklärungsansätze.

zehnte Beiträge zur Transformation traditioneller Gesellschaften sowie zu Urbanisierungs- und Modernisierungsprozessen. Die Multikulturalismusdebatte habe zentrale Thesen der Nationalstaatsbildungstheorien erschüttert und Migrationsforschung einen Teil der Staatsbürgerschafts- und Gerechtigkeitsdebatte in der politischen Philosophie begründet. Weltsystem-, Friedens- und Entwicklungsforschung seien aufgegriffen und beeinflußt worden. Entsprechend vielgestaltig sind daher aber auch Erklärungsansätze und Theorien von Migration. Hinzu kommt, daß die sozialwissenschaftliche Migrationsforschung schon seit ihrer Begründung stark empirie- und praxisorientiert war, was der Formulierung einer konsistenten sozialwissenschaftlichen Migrationstheorie im Wege gestanden haben dürfte.

Kennzeichend für die verschiedenen Erklärungsansätze des vielschichtigen und komplexen Phänomens sind Versuche, *Migration typologisch zu entfalten*:[3] der oben bereits erwähnte Ravenstein (1885) typologisiert Migration etwa nach der je zurückgelegten Distanz und unterscheidet „local migrants", „short-journey migrants" und „long-journey migrants". Bei Betrachtung eines längeren Zeitraums erkannte er zum einen verschiedene Migrationsetappen, zum anderen das Phänomen der „temporären Migration". Fairchild (1925) lieferte mit den „Formen der Migration" einen ersten Versuch einer zusammenfassenden Typologie: er ergänzte Ravensteins „Distanzmodelle" um den Aspekt des jeweiligen „Kulturniveaus" im Ausgangs- und Zielgebiet der Migration und differenziert in geschichtlicher Perspektive nach friedlichen und kriegerischen Wanderungsbewegungen. Heberle (1955) unterscheidet zum einen drei unterschiedliche Gesellschaftstypen, auf die sich Wanderungen beziehen können (archaisch, entwickelt und differenziert, westlich modern und hochindustrialisiert), zum anderen nach Wanderungen in großen Verbänden oder von Einzelpersonen bzw. kleinen Gruppen; noch feiner gliedert er diese Typologie durch die Einführung des Aspekts des (freiwilligen oder unfreiwilligen) Migrationsanlasses. Petersen (1958) stellt vier Hauptarten von Wanderungen heraus (ursprüngliche Migration, erzwungene, freiwillige, massenhafte) und ordnet diesen bestimmte Ursachenkomplexe und Interaktionstypen zu: ergänzend unterscheidet er innovatorische und konservative Wanderungen, um damit zum Ausdruck zu bringen, daß Menschen einerseits ihre Heimat verlassen, um etwas neues zu erlangen (innovativ), andererseits in Reaktion auf eine Änderung ihrer Lebensbedingungen abwandern und versuchen, am neuen Wohnort soweit wie möglich das bisher Gewohnte zu bewahren (konservativ). Hoffmann-Nowotny (1973) knüpft an diese Typologisierungen an: er unterscheidet Migra-

3 Vgl. hierzu die sehr gute Übersicht in Bähr/Jentsch/Kuls (1992), Kapitel 5.1.2, 551 ff.

tion aber zusätzlich nach ihrem Stellenwert für die soziale Schichtung im Ausgangs- und Zielgebiet. In den Mittelpunkt treten Mechanismen des Ausgleichs von Macht- und Prestigebeziehungen innerhalb und zwischen Gesellschaften. Esser (1980) interprediert in seinem handlungstheoretischen Ansatz „push"- und „pull"-Faktoren als individuelle Entscheidungskriterien, die sowohl Wanderungsentscheidungen als auch den in verschiedenen Stufen ablaufenden Assimilationsprozeß bestimmen. Nach Blaschke (1997) können Migrationsbewegungen kaum handlungstheoretisch erklärt werden, auch die Unterscheidung von erzwungenen und nichterzwungenen Migrationen sei nicht hinreichend. Vielmehr sind Migrationen stets in konkrete historische und politische Strukturen eingebunden, die das Geschehen wesentlich beeinflussen. Ausschlaggebend sind für ihn daher die unterschiedlichen Migrationsregime, die nach der Intensität ihres Eingriffs in den Migrationsprozess unterschieden werden können. Außerdem sei die jeweilige zeitliche Dimension von großer Bedeutung: so unterscheiden sich Migrantengruppen insbesondere auch danach, ob ihnen Wanderungen traditionell nahe liegen (z.B. Nomadismus als Form traditionell vemittelter, permanenter Wanderung).

Zusammenfassend können Wanderungen also typologisiert werden danach ob sie *kollektiv oder individuell* erfolgen, *freiwillig oder erzwungen* sind sowie *temporär oder dauerhaft* beabsichtigt werden. Sie können *nach ihrer Reichweite* unterschieden werden oder danach, ob sie *in Stufen erfolgen* oder an spezifische Wanderungs*traditionen* anknüpfen. Sie können als *Kettenmigration* auftreten sowie *politisch, ökonomisch, ökologisch, demographisch, sozial oder kulturell* veranlaßt sein; meist liegt den jeweiligen Migrationsentscheidungen jedoch ein multifaktorielles Ursachengeflecht zu Grunde (vgl. Mühlum 1993). Sie können nicht zuletzt nach der Art und Weise der jeweiligen *Migrationsregime* unterschieden werden oder danach, welche Auswirkungen sie in der Aufnahmegesellschaft haben.

Die vorliegende Untersuchung beschäftigt sich mit Migration in Deutschland in der zweiten Hälfte des zwanzigsten Jahrhundert. Es wird hierfür ein *„deskriptiver"* Migrationsbegriff verwendet:

Von *Zu-/Abwanderung* wird hier gesprochen, wenn Personen oder Gruppen, gleich ob temporär oder dauerhaft, in ein anderes Land oder Gebiet zu-/fortziehen, von *Ein-/ Auswanderung*, wenn der Aufenthalt in einem anderen Land oder Gebiet nicht nur temporär ist, sondern dauerhafte Niederlassung zur Folge hat.

Fluchtwanderungen liegen dann vor, wenn der Entschluß zur Migration erzwungen wurde (z.B. durch Mißachtung der Menschenrechte, Verfolgung, Bedrohung von Minderheiten, Krieg oder Bürgerkrieg, absolute Verelendung, Natur- und Umweltkatastrophen).

Arbeitswanderungen (oder besser ökonomisch bedingte Wanderungen) liegen vor, wenn durch die Migration das -mehr oder weniger frei bestimmte- Ziel einer sozioökonomischen Verbesserung der Lebensumstände durch z.B. Arbeitsaufnahme, (Aus-) Bildung oder unternehmerisches Handeln in einem anderen Land oder Gebiet erreicht werden soll.

Infolge von Flucht- und Arbeitswanderungen, die zunächst temporär geplant waren, sich jedoch zu dauerhafter Niederlassung im Zielland der Migration verfestigen, treten *Wanderungen zum Zweck der Familienzusammenführung* auf.

Remigration ist die temporäre (*Zirkulationswanderung*) oder dauerhafte Rückkehr in das Herkunftsland.

Mit dieser Typologisierung können die hauptsächlichen Wanderungsströme der vergangenen Jahrzehnte in Deutschland erfasst werden. Eine Besonderheit der Wanderungsgeschichte der Bundesrepublik Deutschland ist die große Welle der Aussiedlerzuzüge seit Ende der achtziger Jahre, die wohl überwiegend ökonomisch motiviert waren, zum Teil sicherlich auch als Fluchtwanderungen bezeichnet werden können, im deutschen Wanderungsregime jedoch legalistisch als „Remigration" gelten. Sie sind daher ein Beispiel für die -realiter stets vorfindliche- Überschneidung der unterschiedlichen Wanderungsursachen und -motive.

1.2 Integration: Begriffsexplikation

Integration kann allgemein als die Verbindung von Einzelpersonen/Gruppen zu einer gesellschaftlichen Einheit -bei Anerkennung und Akzeptanz von kulturellen Verschiedenheiten- bezeichnet werden (Beger 1997). Integration ist ein Prozeß, der oft über Generationen verläuft, und in dem eine Abnahme von Unterschieden in den Lebensumständen von Einheimischen und Zugewanderten erfolgt. Es sind vier Dimensionen des Begriffs zu unterscheiden (vgl. Heckmann/Tomei 1997):

Die erste Dimension bezeichnet einen Prozeß, in welchem Zuwanderer einen Mitgliederstatus in der Aufnahmegesellschaft erwerben sowie Zugang zu gesellschaftlichen Positionen und einen Status auf der Basis gleichberechtigter Chancen erreichen (*strukturelle Integration*).

Integration schließt kognitiv-kulturelle Lern- und Internalisierungsprozesse bei der zugewanderten wie bei der einheimischen Bevölkerung ein, die notwendig sind für die Teilnahme und Teilhabe am gesellschaftlichen Leben (*kulturelle Integration* oder Akkulturation).

Gesellschaftliche Mitgliedschaft bedeutet im privaten Bereich die Teilnahme und Akzeptanz bei sozialen Aktivitäten und bei Vereinsmitgliedschaften der Aufnahmegesellschaft (*soziale Integration*).

Die subjektive Seite der Integration zeigt sich in Prozessen neuer persönlicher Zugehörigkeitsdefinitionen (*identifikatorische Integration*).

In der Migrationsforschung wurde ein -empirisch vielfach bestätigtes- idealtypisches Phasenmodell der Integration von Zugewanderten entwickelt (vgl. Heckmann 1992, Heckmann/Tomei 1997): zunächst stehen danach in Integrationsprozessen der Erwerb von sprachlichen Fähigkeiten und von Kenntnisse der sozialen Regeln des Zuwanderungslandes im Mittelpunkt und/oder es werden Arbeitsverhältnisse eingegangen. Es erfolgt zunächst ein funktionaler Lern- und Anpassungsprozeß der Zugewanderten, der mit *Akkomodation* bezeichnet wird. In einer zweiten Phase dieses Prozesses erfolgt zusätzlich die Veränderung von Werten, Normen und Einstellungen der Zugewanderten, die bis zur weitgehenden Übernahme der Kultur der Mehrheitsgesellschaft -bei wechselseitiger, aber oft ungleichgewichtiger Beeinflussung- reichen kann. Diese Phase des Integrationsprozesses nennt man *Akkulturation*.

Integration bezieht sich auf Einzelpersonen oder (ethnische) Gruppen, die Teilhabe auf allen Ebenen (Kultur, Schule, Ausbildung, Zugang zu allen Berufen, Ämtern, Mandaten) ermöglicht. Diese Form der Integration wird in der Regel erst erreicht, wenn mehrere Generationen im Aufnahmeland verwurzelt sind.

In dieser Studie wird Integration anhand einer Reihe von rechtlichen, sozialen, kulturellen und ökonomischen Indikatoren beschrieben. Ausgangspunkt ist dabei die grundsätzliche Offenheit des Integrationsprozesses, d.h. es gibt einerseits *keine allgemeingültigen Richtgrößen*, welche etwa zu erreichen wären, um Integration als mehr oder weniger „gelungen“ zu bezeichnen, anderseits bedeutet Offenheit auch Veränderungspotential: die sich jeweils neu zusammensetzende Gesellschaft bestimmt *ihr* spezifisches Integrationsniveau.

2 Das internationale Migrationsgeschehen als Hintergrund der Entwicklung in Deutschland

Wanderungsbewegungen nach und aus Deutschland sind eingebettet in ein weltweites Migrationsgeschehen, das durch zwei wesentliche Tendenzen gekennzeichnet ist:

- die *absolute Anzahl* der Migranten ist in den vergangenen Jahrzehnten stark angestiegen, wenn auch ihr *Anteil* an der Weltbevölkerung sich nur unwesentlich verändert hat;
- die Wanderungen zwischen den Industrieländern sind tendenziell rückläufig, wohingegen die Wanderungen aus und innerhalb der weniger entwickelten Staaten überproportional ansteigen.

Besonders stark angestiegen sind seit den 70er-Jahren die weltweiten Flüchtlingsströme. Sie werden im Folgenden als erstes behandelt. Danach wird die klassische Arbeitsmigration skizziert, die zunehmend auch in nicht geregelter Form erfolgt. Zukünftig immer bedeutsamer dürften Wanderungen zum Zwecke der Familienzusammenführung werden, die abschließend behandelt werden.

2.1 Formen und Umfang internationaler Migration

Nach Angaben des UN-Hochkommissars für *Flüchtlinge* (UNHCR 1997a) befanden sich im Jahr 1996 rund 26 Mio. Personen als Flüchtlinge aus „begründeter Furcht vor Verfolgung wegen ihrer Rasse, Religion, Nationalität, Zugehörigkeit zu einer bestimmten sozialen Gruppe oder wegen ihrer politischen Überzeugung außerhalb des Landes, dessen Staatsangehörigkeit sie besitzen“[4] oder in einer flüchtlingsähnlichen Situation im jeweiligen Krisengebiet. Zwischen 1986 und 1996 hat sich die Anzahl der registrierten Flüchtlinge weltweit mehr als verdoppelt, in Afrika verdreifacht, in Europa, insbesondere durch die kriegerischen Auseinandersetzungen im früheren Jugoslawien bedingt, verzehnfacht. Es wird geschätzt, daß eine ungefähr ebenso hohe Anzahl von Flüchtlingen vom UNHCR nicht erfaßt werden. Nur ein kleinerer Teil der weltweit im Ausland registrierten Flüchtlinge findet in den

---

4 So die Flüchtlingsdefinition des UNHCR gemäß Art. I A, 2 der Genfer Flüchtlingskonvention von 1951.

wohlhabenden Ländern Zuflucht. Das „Weltflüchtlingsproblem" betrifft vor allem die unmittelbaren Nachbarregionen der jeweiligen Krisengebiete.

Die Zahl der in den Mitgliedsstaaten der EU sowie Schweiz und Norwegen jährlich gestellten Asylanträge ist ein Indikator für die Betroffenheit dieser „reicheren" Länder vom „Weltflüchtlingsproblem": diese sind von rund 150 000 im Jahr 1987 auf knapp 700 000 im Jahr 1992 gestiegen und haben sich danach bis 1994, als hier insgesamt 328 000 Asylanträge verzeichnet wurden, wieder mehr als halbiert. Davon entfielen jeweils ein Drittel bis die Hälfte auf die Bundesrepublik Deutschland. 1996 wurden in den Mitgliedsländern der EU sowie in Norwegen und der Schweiz insgesamt noch knapp 250 000 Asylanträge gestellt, davon etwa 117 000 in Deutschland (vgl. Eurostat 1997, 87 f.). Neben Deutschland verzeichneten auch das Vereinigte Königreich (etwa 30 000), die Niederlande (rund 23 000), Frankreich (17 000) und Belgien (12 500) höhere Zuzüge von Asylsuchenden. Die Zahl der Anerkennungen beträgt europaweit im Durchschnitt rund 10 v.H. In der Bundesrepublik Deutschland lag sie in diesem Zeitraum etwas unter dem Durchschnitt. Es konnten in diesem Zeitraum insgesamt knapp 200 000 Personen in den europäischen Staaten Asyl erhalten, und etwa ebenso vielen wurde ein Bleiberecht aus humanitären und ähnlichen Gründen zuerkannt. Über 1,5 Mio. Asylanträge wurden abgelehnt.

Rund doppelt so hoch wie die Zahl registrierter Flüchtlinge ist die Zahl der Migranten, die auf der Suche nach Arbeit innerhalb und zwischen Regionen beziehungsweise Kontinenten wandern, wobei die Grenzen zwischen Freiwilligkeit und Zwang fließend sind (vgl. Nuscheler 1994, 351 ff. und umfassender auch ders., 1995). Nach Angaben der Internationalen Organisation für Migration (IOM) in Genf [5] hielten sich 1997 rund 130 Mio. Menschen oder 2,2 v.H. der Weltbevölkerung im Ausland auf: rund 25 Mio. legale Arbeitsmigranten, schwerpunktmäßig in Nordamerika, Westeuropa, den Golfstaaten sowie den Wachstumsregionen Ost- und Südostasiens. Rund ein Viertel der weltweit im Ausland lebenden und Migranten (30 Mio.) hält sich nach Schätzungen, die auf einzelnen Feldstudien basieren und daher nicht repräsentativ sind, *„illegal"*[6] in den Zielländern auf; allein für die USA wird eine Zahl von ungefähr 3,4 Mio. angenommen.

---

5 Angaben der IOM laut schriftlicher Auskunft vom 11.04.1997; die Zahlen basieren auf den „Migrant Stocks (foreign born)"der UN Population Division (UNPD), welche Daten von in allen UN-Staaten durchgeführten Volkszählungen zusammenfassen sowie auf Schätzungen zur Vorbereitung der UN-Bevölkerungskonferenz in Kairo 1994, die um den angegebenen Prozentsatz fortgeschrieben wurden. Vgl. auch IOM/UNCTD (1996).

6 Die Vereinten Nationen sprechen in ihren Veröffentlichungen wie z. B. dem World Population Monitoring von „documented" und „undocumented migrants", um eine normative

Arbeitsmigranten sind in sehr unterschiedlichen Beschäftigungsfeldern tätig: zum einen in Bereichen, in denen Experten, hochqualifizierte Spitzenkräfte, Manager, Forscher und Techniker gefragt sind, andererseits in Bereichen, in denen Hilfskräfte in Landwirtschaft und Baugewerbe, für schmutzige, gefährliche und anstrengende Tätigkeiten sowie für einfache Dienstleistungen gesucht werden.

Die jährlichen Wanderungsströme aus Entwicklungsländern sind nach Angaben der Internationalen Bank für Wiederaufbau und Entwicklung (1995) derzeit im Verhältnis zur Gesamtbevölkerung nicht größer als in den frühen siebziger Jahren, nämlich etwa ein Wanderungsfall pro 1000 Einwohner: auf Grund des Bevölkerungswachstums stieg die absolute Anzahl der Migranten bis Mitte der 90er-Jahre dennoch auf einen historischen Höchststand. Insgesamt leben hiernach ungefähr 2 v.H. der in „Ländern mit niedrigem und mittlerem Einkommen“[7] geborenen Menschen nicht in ihrem Heimatland. Ungefähr 2 bis 3 Mio. neuer Migranten wandern derzeit jährlich aus Entwicklungsländern aus, von denen etwa die Hälfte in Industrieländer geht. Für die Industrieländer bedeutet dies durchschnittlich 1,5 Wanderungsfälle aus Entwicklungsländern pro 1000 Einwohner im Jahr, etwa so viele wie im Jahr 1970.

Zielgebiete sind neben den „klassischen“ Industrieländern insbesondere die sogenannten „Schwellenländer“ mit expandierenden Wirtschaften und die Ölförder-Länder des Mittleren Ostens (hier sind 60 bis 90 v.H. der arbeitenden Bevölkerung ausländischer Herkunft). In den G7-Staaten[8] insgesamt leben rund ein Drittel aller Migranten. Aufgrund der niedrigen Geburtenraten in den Industriestaaten resultiert ein wesentlicher Anteil des dort in den letzten Jahrzehnten dennoch zu verzeichnenden, schwachen Anstiegs der Bevölkerung aus Zuwanderungen, in der Bundesrepublik Deutschland ist das Anwachsen der Bevölkerung sogar ausschließlich darauf zurückzuführen.

Die Wanderungen zwischen den Industrieländern haben sich seit 1970 von 2,5 Wanderungsfällen pro 1000 Einwohner auf 1,5 Wanderungsfälle im Jahr 1990 vermindert. Der Anteil von im Ausland geborenen Menschen an der Gesamtbevölkerung in den Industrieländern -derzeit circa 5 Prozent- ist jedoch gestiegen, bedingt durch die langsamere Zunahme der einheimischen Bevölkerung. Der Anteil der (legalen) ausländischen Arbeitskräfte beträgt durchschnittlich rund 6 v.H.; dabei reicht das Spektrum von weniger als

---

Konnotation zu vermeiden; vgl. UNCPD 1997 (134 und 155).

7 Zur Definition vgl. die Erläuterungen zu Tabelle 1.

8 U.S.A., Japan, Deutschland, Frankreich, Vereinigtes Königreich, Kanada, Italien.

1 v.H. in Spanien bis zu etwa 20 v.H. in der Schweiz, die Bundesrepublik Deutschland liegt bei etwa 10 v.H.

Insgesamt ist die Datenlage zu grenzüberschreitender Migration sehr unsicher und abweichende Schätzungen die Regel. Wanderungen zur Familienzusammenführung sind, neben Flucht- und Arbeitsmigration, in vielen Zielländern derzeit schon quantitativ am bedeutendsten[9] und dürften in Zukunft noch zunehmen, da typischerweise zunächst Einzelpersonen (z.B. zur Arbeitsaufnahme) in ein anderes Gebiet oder Land wandern, mit Verfestigung des Aufenthaltes im Zielgebiet der Migration dann Familienangehörige nachgeholt werden. Ebenfalls hoch dürfte der Umfang von Rück- und Zirkulationswanderungen bleiben, insbesondere nach erzwungener Migration (Fluchtwanderungen).

2.2 Perspektiven

Wanderungsbewegungen werden voraussichtlich weiterhin in großem Umfang stattfinden. Sie werden die soziale, ökonomische und kulturelle Entwicklung in den Herkunfts- und Zielregionen wesentlich beeinflussen. Die Betroffenheit einzelner Regionen vom weltweiten Migrationsgeschehen kann allerdings erheblich variieren. Die Mitgliedsstaaten der EU insgesamt sind aufgrund ihrer geographischen Lage insbesondere von Wanderungen aus Mittelmeeranrainerstaaten (Maghreb, Türkei) und aus Osteuropa betroffen. Die Wanderungsverflechtungen der Bundesrepublik Deutschland sind zusätzlich durch die Zuwanderung „deutscher" Aussiedler aus Osteuropa geprägt.

Neben den bereits bestehenden Wanderungsverflechtungen zwischen einzelnen Regionen dürften folgende Rahmenbedingungen das zukünftige Migrationsgeschehen bestimmen:

1. Der Abstand zwischen Regionen mit hohem erzielten Brutto-Sozial-Produkt (BSP) und hohem durchschnittlichen Pro-Kopf-Einkommen der Bevölkerung sowie Regionen mit geringem erzielten BSP und niedrigem

9 Vgl. OECD 1997, 17. So beträgt ihr Anteil an allen Zuwanderungen 1995 im Vereinigten Königreich etwa 85 v.H., in Frankreich rund 65 v.H., in Deutschland mindestens ein Drittel (vgl. unten Kapitel 3.3, Tabelle 4), in den USA und Schweden etwa 80 v.H.

durchschnittlichen Pro-Kopf-Einkommen der Bevölkerung wird aller Voraussicht nach mittelfristig weiter zunehmen.[10]

2. Die den Weltbevölkerungszuwachs bestimmenden Faktoren lassen sich aller Voraussicht nach nur mittel- bis langfristig in relevantem Maße beeinflussen, so daß weiterhin mit einer rasch steigenden Weltbevölkerung gerechnet werden muß, die sich regional zunehmend ungleich verteilt (vgl. Birg 1996).

Tabelle 1: Szenario der Weltbevölkerungsentwicklung bis 2025-Verteilung der Weltbevölkerung auf Länder nach Einkommensgruppen

Bevölkerung	1996	2010	2025
insgesamt (Mio.):	5.771	6.974	8.193
I. in Ländern mit hohem Einkommen	828	886	921
II. in Ländern mit oberem mittlerem Einkommen	485	577	671
III. in Ländern mit unterem mittlerem Einkommen	1.027	1.204	1.374
IV. in China/Indien	2.168	2.570	2.877
V. in Ländern mit niedrigem Einkommen	883	1.217	1.653
VI. in Ländern ohne ausgewiesenes BSP	370	509	683
Anteile an der Weltbevölkerung (in v.H.)			
I. Länder mit hohem Einkommen	14,4	12,7	11,3
II. Länder mit oberem mittlerem Einkommen	8,4	8,3	8,2
III. Länder mit unterem mittlerem Einkommen	17,8	17,3	16,8
IV. China/Indien	37,6	36,9	35,1
V. Länder mit niedrigem Einkommen	15,3	17,5	23,7
VI. Länder ohne ausgewiesenes BSP	6,4	7,3	8,3

Zahlen der UN und Weltbank, zitiert nach Population Reference Bureau 1996.

Dem Szenario liegt die Einteilung von Ländergruppen nach dem Niveau des durchschnittlichen Pro-Kopf-Einkommens der Weltbank zu Grunde (zur Begrifflichkeit vgl. Internationale Bank für Wiederaufbau und Entwicklung 1995, 183). Der Prognosezeitraum reicht hier bis zum Jahr 2025. Es weist einen abgeschwächten Anstieg der Bevölkerung in den „reichen Ländern“, dagegen fast eine Verdoppelung der Bevölkerung in den Ländern mit „niedrigem Einkommen aus. Während der Anteil der Bevölkerung in den Ländern mit hohem Einkommen an der Weltbevölkerung bis 2025 stark zurückgehen und der Anteil von Ländern mit mittlerem Einkommen sich ebenfalls verrin-

10 United Nations Development Program (UNDP) 1994, 35. Im 1996-Bericht wird der spektakuläre Hinweis gegeben, daß der Reichtum von 358 Milliardären das Gesamteinkommen derjenigen Länder übersteigt, in dem 45 v.H. der Weltbevölkerung leben. 89 Staaten gehe es heute schlechter als vor 10 Jahren, in 70 Entwicklungsländern liege das Einkommensniveau heute unter dem der 60er und 70er Jahre; vgl. UNDP 1996. Vgl. auch International Monetary Fund (IMF) 1994, 94. Zur Verteilungsproblematik insgesamt siehe Altvater 1996.

gern dürfte, steigt der Anteil der Länder mit niedrigem Einkommen um mehr als die Hälfte. Weltweit einheitliche Indikatoren des Lebensstandards können allerdings nur sehr grobe Schätzwerte geben: so sagt z.B. das durchschnittliche BSP/pro Kopf noch nichts über die Verteilung innerhalb eines Landes aus. Das Hauptkriterium zur Ländereinteilung und zur Unterscheidung sozioökonomischer Entwicklungsstadien ist bei der Internationalen Bank für Wiederaufbau und Entwicklung das erzielte durchschnittliche BSP pro Kopf. „Länder mit niedrigem Einkommen" sind solche, in denen bis zu 695 Dollar pro-Kopf der Bevölkerung im Jahr erwirtschaftet werden; hierbei handelt es sich insbesondere um Länder Schwarzafrikas, Asiens (Pakistan), um (einige) Nachfolgestaaten der UdSSR, Albanien und Jemen. „Länder mit unterem mittlerem Einkommen" weisen ein durchschnittliches BSP pro Kopf/Jahr von 696 bis 2785 Dollar auf (Maghreb-Staaten, Osteuropa, Russland, Philippinen, Indonesien, Südamerika). „Länder mit oberem mittlerem Einkommen" weisen ein durchschnittliches BSP pro Kopf/Jahr von 2786 bis 8625 Dollar auf (Argentinien, Brasilien, Mexiko, Griechenland, Südafrika, Südkorea, Estland, Tschechien, Ungarn). „Länder mit hohem Einkommen" erzielen pro Kopf/Jahr 8626 Dollar und mehr (Mitgliedsstaaten der EU, Schweiz, Norwegen, Australien, Japan, Kanada, USA, Hongkong und Singapur, Ölförderländer des Mittleren Osten). China und Indien werden getrennt ausgewiesen, würden aber zur Gruppe der „Länder mit niedrigem Einkommen" zählen. In 34 Staaten wurde 1994 kein BSP ausgewiesen. Dabei handelt es sich oft um Kriegs- und Krisengebiete (Afghanistan, Angola, Bosnien-Herzegowina, Irak, Iran, Jugoslawien, Kambodscha, Somalia, Sudan, Zaire), Nordkorea und Syrien, Taiwan. Diese Länder müssen überwiegend den Ländern mit niedrigem Einkommen zugerechnet werden.[11]

3. Die entstandene globale Informations- und Kommunikationsgesellschaft könnte tendenziell zur (weiteren) Aufhebung herkömmlicher kultureller Grenzziehungen führen und

11 Zur Problematik des Indikators „Pro-Kopf-Einkommen", der weder die reale Kaufkraft noch andere, „immaterielle" Lebensbereiche berücksichtigt, vgl. Stiftung Entwicklung und Frieden 1996, 44 ff. Der vom UNDP erstellte „Human Development Index" (HDI) berücksichtigt neben Pro-Kopf-Einkommen in realer Kaufkraft auch Lebenserwartungen und Bildungsniveaus (Alphabetisierung Erwachsener und Dauer des Schulbesuches). Hier wird dennoch der „einfachere" Indikator zu Grunde gelegt, da der „umfangreichere" HDI-Indikator zwar eine größere Bandbreite des Lebensstandards erfaßt, was bei den bestehenden „Unsicherheiten" vieler statistischer Angaben jedoch auch Verzerrungen verstärken kann. Eine aktuelle Übersicht über die „Geographie der menschlichen Entwicklung" nach dem HDI-Indikator in UNESCO-Kurier, 40, 3/1999, 14 und 15.

4. die Verdichtung der Verkehrsnetze dürfte zunehmende Mobilität zur Folge haben.

Bevölkerungswachstum, sozioökonomische Ungleichheiten, Kriege und Katastrophen können zwar als wesentliche Push-Faktoren der Wanderungsbewegungen betrachtet werden: umsetzbar werden die daraus resultierenden Wanderungsmotive jedoch erst durch die weltweiten kulturellen Anpassungen und infrastrukturellen Verdichtungen der vergangenen Jahrzehnte. Menschen sind erst fähig, ihre Region und Heimat zu verlassen, wenn die mentalen Voraussetzungen gegeben und Verkehrsverbindungen vorhanden sind (vgl. Nicklas 1996, 179 ff.)

5. Das politische Ordnungsgefüge der internationalen Beziehungen ist nach der Überwindung des bipolaren Weltsystems in einer Phase der Neustrukturierung, die mittelfristig keine Abnahme von kriegerischen Konflikten erwarten läßt. Die meisten der etwa 50 aktuell ausgetragenen bewaffneten Konflikte sind formell „innerstaatliche" (vgl. Brock 1996, 27) Konflikte (Antiregime-Kriege) oder sind aus inneren Konflikten entstanden (Separationskriege). Hinsichtlich der Auslösung von Flucht- und Zwangswanderungen stehen ihre Folgen den zwischenstaatlichen Konflikten allerdings nicht nach: Der Großteil der rund 50 Mio. Flüchtlinge und Vertriebenen, die 1996 innerhalb von oder in andere Staaten geflüchtet sind oder vertrieben wurden, sind unmittelbar Kriegsopfer.

6. Neben einer Zunahme der Handels- und Kapitalströme zeichnet sich wirtschaftliche „Globalisierung" auch durch internationale Arbeitskräftewanderungen aus.

Ob es zu Migrationen kommen kann, hängt allerdings nicht allein von der gegenwärtigen Situation oder den zukünftigen Perspektiven in den Abwanderungsländern, sondern auch von den Entwicklungen in den Aufnahmeländern ab. Dabei spielt die dortige Arbeitsmarktsituation, aber auch die betriebene Migrationspolitik eine besondere Rolle, z.B. ob restriktive Migrationsregelungen bestehen und eingehalten werden.

3 Zuwanderung nach Deutschland[12]

Zwischen 1950 und 1997 sind -ohne Berücksichtigung der Wanderungen zwischen den beiden deutschen Staaten- insgesamt circa 30 Mio. Zuwanderungen und über 21 Mio. Abwanderungen in der Bundesrepublik Deutschland zu verzeichnen gewesen. Daraus ergab sich ein Außenwanderungssaldo von etwa 8,7 Mio. Von den circa 30 Mio. Zugewanderten insgesamt waren knapp 24 Mio. ausländische Staatsangehörige, von den knapp 20 Mio. Abwanderern insgesamt über 17 Mio. Daraus ergibt sich cinc Nettozuwanderung ausländischer Staatsangehöriger von etwa 6,6 Mio. Personen.

Tabelle 2: Zu- und Fortzüge über die Grenzen[a] der Bundesrepublik Deutschland, 1950 - 1997[b]

Jahr[c]	Zuzüge[d] insgesamt	davon:[e] Ausländer	in v. H.	Fortzüge[d)f)] insgesamt	davon: Ausländer	in v. H.	Saldo insgesamt	davon: Ausländer
1950-59	1 324 587	561 345	42	1 291 398	316 533	25	33 189	244 812
1960-69	6 257 185	5 532 561	88	4 239 458	3 450 339	81	2 017 727	2 082 222
1970-79	7 002 667	6 219 361	89	5 439 852	4 896 009	90	1 562 815	1 323 352
1980-89	6 145 117	4 822 028	78	4 685 932	4 050 118	86	1 459 185	771 910
1990	1 256 250	835 702	67	574 378	465 470	81	681 872	370 232
1991	1 182 927	920 491	78	582 240	497 476	85	600 687	423 015
1992	1 489 449	1 207 602	81	701 424	614 747	88	788 025	592 855
1993	1 268 004	986 872	78	796 859	710 240	89	471 145	276 632
1994	1 082 553	777 516	72	767 555	629 275	82	314 998	148 241
1995	1 096 048	792 701	72	698 113	567 441	81	397 935	225 260
1996	959 691	707 954	74	677 494	559 064	83	282 197	148 890
1997	840 633	615 298	73	746 969	637 066	85	93 664	- 21 768
Insgesamt	29 905 111	23 979 431	80	21 201 672	17 393 778	82	8 703 439	6 585 653

Quelle: Statistisches Bundesamt 1998.

a) Hier, wie bei allen folgenden Angaben zu Deutschland, sind die historisch bedingten Änderungen im Gebietsstand zu beachten. Seit 1991 bezieht sich die Statistik auf die gesamte Bundesrepublik Deutschland (nach dem Gebietsstand vom 3. Oktober 1990). Bei Zeitreihenanalysen müssen die Änderungen der Bezugsgrößen -Staatsterritorium und Gesamtbevölkerung- berücksichtigt werden.

b) Die Außenwanderungsstatistik weist auf der Basis von ausgezählten Meldescheinen Wohnortwechsel von Personen aus, deren Ausgangs- und Endpunkte außerhalb der Bundesrepublik Deutschland liegen (ohne Mitglieder ausländischer Stationierungsstreitkräfte und der diplomatischen und konsularischen Vertretungen und ihren Familienangehörigen sowie ohne Touristen). Damit ergeben sich für die Bewertung (dauerhafter) Migration Schwierigkeiten: so wird z.B. in der Statistik ein nur vorübergehend ins Ausland ziehender Student

12 Die Außenwanderungsverflechtungen der ehemaligen DDR waren gering und sind hier nicht berücksichtigt.

ebenso als Fortzug gezählt wie ein dauerhaft Auswandernder, ein nur kurzzeitig in Deutschland verbleibender Ausländer ebenso als Zuzug registriert wie ein dauerhaft Zuziehender. Mehrmalige Zu- und Fortzüge derselben Person über die Grenzen Deutschlands innerhalb eines Jahres werden jeweils als neue Wanderungsfälle erfaßt (Fallstatistik ggü. Personenstatistik). Die angegebenen Zu- und Fortzugszahlen sind daher erheblich höher als die tatsächlichen Größen *dauerhafter* Migration.

c) 1950 ohne West-Berlin und Saarland; für 1951 liegen keine Angaben vor; 1952-1957 ohne Saarland; ab 1991 Gebietsstand der Bundesrepublik Deutschland ab dem 3. Oktober 1990.

d) Hier sind die Zu- und Fortzüge von Deutschen und Ausländern aus der ehemaligen DDR in die Bundesrepublik Deutschland nicht berücksichtigt.

e) 1950-1953 keine Angaben; daraus ergeben sich Verzerrungen, insbesondere bei den Anteilen 1950-1959 und insgesamt.

f) Die Fortzüge, insbesondere von Ausländern aus Drittstaaten, dürften untererfaßt sein, da sich diese beim Fortzug oft nicht abmelden, u.a. auch um ihr einmal erworbenes Aufenthaltsrecht nicht zu verlieren.

Der positive Außenwanderungssaldo beruht im wesentlichen auf der Zuwanderung von Aussiedlern, Arbeitsmigranten, Flüchtlingen sowie auf Wanderungen zur Familienzusammenführung. Die amtliche Wanderungsstatistik differenziert aber lediglich zwischen Deutschen und Ausländern. Es bestehen daher Unklarheiten bei den Datengrundlagen: so werden zugewanderte Aussiedler als deutsche Wohnbevölkerung gezählt und sind von der ansässigen deutschen Bevölkerung nicht zu unterscheiden. Flüchtlinge sind von der übrigen ausländischen Bevölkerung so lange zu unterscheiden, wie sie sich im Asylverfahren befinden: anerkannte Asylbewerber zählen zu der ausländische Wohnbevölkerung insgesamt. In Deutschland geborene Kinder aus Lebensgemeinschaften, in denen kein Partner die deutsche Staatsangehörigkeit besitzt, werden zur ausländischen Wohnbevölkerung gezählt: daher wäre auch die begriffliche Gleichsetzung der ausländischen Wohnbevölkerung mit Migrantinnen und Migranten nicht zutreffend. Zur Feststellung der tatsächlich zugewanderten Bevölkerungsgruppen wäre eine Kategorie „im Ausland geboren“ nötig; diese wird in der amtlichen Statistik aber nicht erhoben. Es ist jedoch möglich, aus repräsentativen Befragungen der Gesamtbevölkerung diesbezüglich aussagekräftige Größenordnungen zu gewinnen. So weist z.B. die Allgemeine Bevölkerungsumfrage Sozialwissenschaften (ALLBUS) für das Jahr 1996 etwa 15 v.H. der über 16jährigen, deutschsprachigen Wohnbevölkerung aus, welche angeben, nicht in Deutschland geboren zu sein.[13] In Ostdeutschland sind es 1996 insgesamt knapp 10 v.H. der deutschsprachigen Bevölkerung, in Westdeutschland über 18 v.H. Davon haben die meisten

13 Im ALLBUS werden aus erhebungstechnischen Gründen nur die über 16jährigen einbezogen, welche so gute deutsche Sprachkenntnisse haben, daß sie den umfangreichen Fragebogen der Allgemeine Bevölkerungsumfrage der Sozialwissenschaften (ALLBUS) beantworten können.

(rund 35 v.H.) ihren Geburtsort in den früheren deutschen Reichsgebieten in Ost- und Mitteleuropa, die zweitgrößte Gruppe stammt aus dem Staatsgebiet der Türkei (etwa 11 v.H.); aus der früheren Sowjetunion kommen knapp 10 v.H. und aus dem Gebiet des ehemaligen Jugoslawien rund 9 v.H. In Ostdeutschland stammen die im Ausland Geborenen zu fast 75 v.H. aus den früheren deutschen Reichsgebieten in Ost- und Mitteleuropa und zu weiteren rund 15 v.H. aus der früheren Tschechoslowakei.

Alle diese Befragten sind also zumindest einmal in ihrem Leben zugewandert; der Zeitpunkt ihrer Zuwanderung liegt dabei unterschiedlich lange zurück: so sind knapp 22 v.H. der Befragten bereits vor 1945 zugewandert, weitere etwa 18 v.H. bis 1953; zwischen 1954 und 1961 waren es knapp 5 v.H., zwischen 1962 und 1988 fast 34 v.H., und nach 1988 rund 21 v.H.[14]

3.1 Die hauptsächlichen Wanderungsströme/-gruppen

3.1.1 Aussiedler

Zusätzlich zu den in die Bundesrepublik Deutschland gewanderten ausländischen Staatsangehörigen muß also die in der amtlichen Statistik nicht bekannte Zahl der gegenwärtig im Bundesgebiet lebenden Deutschen berücksichtigt werden, die infolge von Wanderungen aus dem Ausland nach Deutschland kamen, darunter seit 1950 über 3,8 Mio. Aussiedler. Auch wenn diese wesentlich bessere -vor allem rechtliche- Integrationsbedingungen vorfinden, sind Aspekte ihrer sozialen Situation im Eingliederungsprozeß mit Zugewanderten ausländischer Staatsangehörigkeit vergleichbar. Die meisten von ihnen wanderten nach 1985 ein, Hauptherkunftsländer sind die ehemalige Sowjetunion bzw. ihre Nachfolgestaaten, Polen und Rumänien.

Zwischen 1945 und 1950 sind bereits insgesamt etwa 8 Mio. „Heimatvertriebene“, d.h. deutsche Staatsangehörige und Angehörige deutscher Minderheiten aus den früheren deutschen Reichsgebieten in Ost- und Mitteleuropa, in das Gebiet der Bundesrepublik Deutschland gekommen.[15] Die jährliche Zahl der Zuzüge von Vertriebenen, die nun Aussiedler genannt wurden, sank seit Beginn der 50er-Jahre von rund 47 000 auf knapp 16 000 im Jahr 1955, stieg danach bis 1958 auf rund 132 000 an und nahm dann wieder ab: auf einen Tiefststand von rund 15 000 im Jahre 1963. Seitdem schwankte die

14 Alle Zahlen nach ALLBUS 1996, V 40.

15 Vgl. Delfs 1993. Bei dieser Zahl handelt es sich um eine Ex-post-Schätzung.

Zahl bis 1975 zwischen etwa 20 000 und 30 000 jährlich. Als sich die beiden Machtblöcke Ost und West noch unvereinbar gegenüberstanden, wurde die Anzahl der Aussiedler, welche die Herkunftsgebiete der Sowjetunion und Osteuropas verlassen durften, von der deutschen Politik als Gradmesser für die Güte der Beziehungen und als Zeichen der Entspannung bewertet (vgl. Bergmann 1996, 461 ff.): so stieg die Anzahl der jährlichen Aussiedlungen infolge des KSZE-Prozesses wieder an: von Mitte der 70er-Jahren bis 1986 zogen jährlich etwa 50 000 zu. Mit den politischen Veränderungen im Machtbereich der Sowjetunion infolge der „Perestroika" änderten sich ab Mitte der 80er-Jahre dort auch die Praxis der Ausreisegenehmigungen: siedelten im Jahre 1986 insgesamt noch lediglich knapp 43 000 in die Bundesrepublik aus, erhöhte sich die Zahl bereits 1987 auf über 78 000. 1988 gab es einen weiteren unerwarteten Anstieg auf über 200 000, in den Spitzenjahren 1989 und 1990 kamen jeweils fast 380 000 bzw. 400 000 Aussiedler ins Bundesgebiet. Seit 1991 lag die Zahl der jährlich Zuziehenden bei etwa 220 000, 1996 wurden mit etwa 178 000 erstmals wieder erheblich weniger gezählt. Im Jahr 1997 hat sich die abnehmende Tendenz fortgesetzt: es zogen insgesamt nur noch etwa 134 000 Aussiedler zu, rund ein Viertel weniger als 1996; 1998 waren noch knapp 100 000 Zuzüge zu verzeichnen. Insgesamt wanderten zwischen 1950 und 1998 fast 3,8 Mio. Aussiedler in die Bundesrepublik Deutschland, davon etwa 2,6 Mio. zwischen 1986 und 1998.[16]

Die Herkunft der Aussiedler hat sich im Zeitverlauf erheblich verändert. Die Zuzüge Ende der 50er-Jahre wurden überwiegend getragen durch eine damals ermöglichte Aussiedlung aus Polen; ebenso stellten in den Jahren seit 1976 bis 1989 Aussiedler aus Polen wieder jeweils die größten Anteile am Gesamtzuzug der Aussiedler. Danach sank die Zahl der Zuzüge aus Polen schnell, auf eine heute unbedeutende Größe.

Der jährliche Zuzug aus der früheren Sowjetunion war zunächst gering, ab Ende der 80er-Jahre erfolgte hier aber ein sprunghafter Anstieg: von zunächst rund 14 000 Personen im Jahre 1987 auf knapp 48 000 im Jahre 1988, dann auf knapp 100 000 Personen im Jahre 1989. Seit 1990 kommen jeweils die meisten Aussiedler aus der Sowjetunion bzw. ihren Nachfolgestaaten: 1990 und 1991 jeweils etwa 150 000, 1992 knapp 200 000, 1993 bis 1995 jeweils über 200 000 Personen; 1996 bildete diese Herkunftsgruppe mit rund 172 000 etwa 96 v.H. des jährlichen Zuzugs aller Aussiedler. Der größte Teil

16 Alle Zahlen (hier und folgend) nach Bundesministerium des Innern (BMI), Info-Dienst Deutsche Aussiedler, lfd., zuletzt 1998; im Unterschied zur amtlichen Zu- und Fortzugsstatistik, die gemeldete Wohnortwechsel über die Grenzen Deutschlands registriert und den Wanderungsfall mißt, werden Aussiedler personenbezogen erfaßt. Es ist anzunehmen, daß die meisten Aussiedler dauerhaft in Deutschland verbleiben.

der Aussiedler wanderte aus den mittelasiatischen Republiken der früheren UdSSR zu, vor allem aus Kasachstan (jeweils über 50 v.H.)

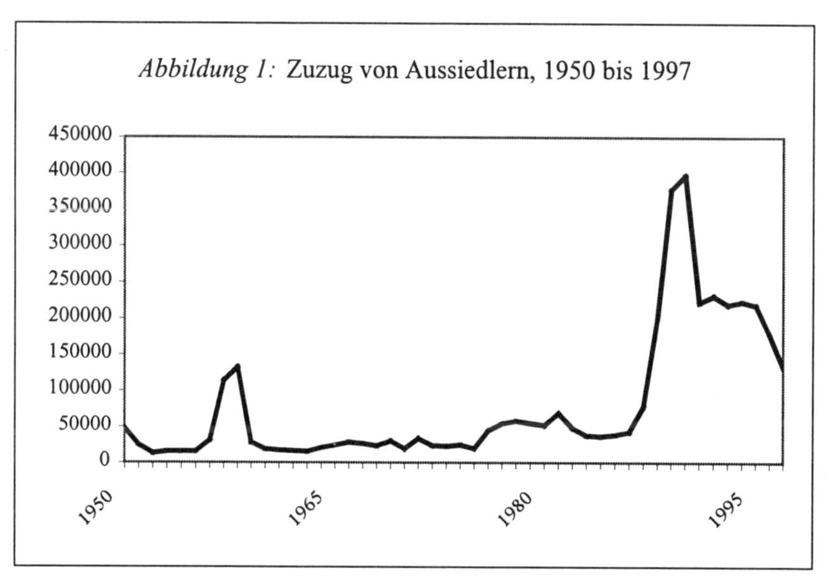

Abbildung 1: Zuzug von Aussiedlern, 1950 bis 1997

Aus Rumänien siedelten zwischen 1977 und 1988 rund 10 000 Personen jährlich aus. Der Zuzug von dort stieg 1989 auf über 23 000, 1990 auf den einmalig hohen Stand von über 111 000; hier sank die Zahl bereits 1991 wieder auf etwa 32 000, 1992 auf rund 16 000 und beträgt seitdem nur noch etwa 5000 Personen jährlich.

Aus allen übrigen Ländern (Ungarn, CSSR, Jugoslawien) war der jährliche Zuzug von Aussiedlern über die Jahre gering, nur aus der früheren CSSR kamen am Ende der 60er-Jahre einmal über 15 000 Personen.

Nahezu alle künftigen Aussiedler werden künftig aus den Nachfolgestaaten der ehemaligen Sowjetunion kommen. Es wird geschätzt, daß insgesamt noch etwa 2 bis 3 Mio. „Deutschstämmige“ dort leben[17]. Wie weit sich das Auswanderungspotential künftig realisiert wird entscheidend von den dort sich entwickelnden Lebensperspektiven abhängen. Bei politischen oder ökonomischen Verwerfungen ist mit einem erneuten Anstieg der Zuzüge zu rechnen, insbesondere auch aufgrund der großen Zahl derjenigen, die schon

17 Zahlreiche Deutschstämmige wandern auch innerhalb des Gebietes der früheren UdSSR, z.B. aus den mittelasiatischen Republiken in die Russische Föderation (Westsibirien, Wolgagebiet).

einen Aufnahmebescheid der Bundesrepublik erteilt bekommen haben, dann aber nicht ausgereist sind (1996 waren dies etwa 100 000 Personen).

Für die Bevölkerungsentwicklung und -struktur in der Bundesrepublik Deutschland ist neben der Anzahl der Zugewanderten insbesondere deren Altersstruktur bedeutsam. Es ergeben sich aus ihr unterschiedliche Folgen, z.B. für den Arbeitsmarkt und die sozialen Sicherungssysteme. Unter demographischen Gesichtspunkten hatte der Zuzug der Aussiedler einen die Altersstruktur der Bundesrepublik Deutschlands „verjüngenden" Effekt, da überproportional viele Kinder und Jugendliche und junge Familien, aber wenig Ältere zugezogen sind.

Tabelle 3: Aussiedler nach Altersgruppen, 1968-1995 (in v.H.)

Jahr(e) der Zuwanderung	Alter: unter 18	Alter: 18 bis 45	Alter: 45 bis 65	Alter: über 65
1968 bis 1983 (∅)	28	44	19	9
1984	22	48	23	7
1985	24	47	23	7
1986	25	48	21	7
1987	29	47	19	6
1988	32	48	16	4
1989	32	50	15	4
1990	28	46	19	6
1991	32	44	17	6
1992	35	43	15	7
1993	35	43	14	7
1994	35	44	14	7
1995	34	45	14	7
1968 bis 1995 (∅)	*30*	*46*	*18*	*6*

Quelle: BMI 1997

3.1.2 Arbeitsmigranten

Arbeitsmigration nach Deutschland fand schon vor Gründung der Bundesrepublik in großem Umfang statt. In den ländlich strukturierten Gebieten östlich der Elbe gab es traditionell temporäre Migration zu saisonaler Landarbeit; der forcierte Ausbau der Schwerindustrie im Rhein-Ruhr-Gebiet zum Ende des 19. Jahrhunderts zog viele Arbeitsmigranten aus Osteuropa an (z.B. die sog. „Ruhrpolen"). Die Volkszählung 1910 ergab, daß etwa 1,3 Mio. ausländische Staatsangehörige im Deutschen Reich lebten, von ihnen waren über 50 v.H. österreichische Staatsbürger, 11 v.H. Niederländer und ebenfalls

11 v.H. Russen; 1925 gab es etwa 1 Mio. ausländische Staatsangehörige im deutschen Reich, darunter etwa 27 v.H. aus Polen, 23 v.H. aus der Tschechoslowakei und 14 v.H. aus Österreich (Zahlen nach Münz/ Seifert/ Ulrich 1997). Während des zweiten Weltkriegs wurden etwa 8 Millionen sogenannter „Fremdarbeiter“ zur Aufrechterhaltung der reichsdeutschen Kriegswirtschaft gezwungen (Angabe nach Herbert 1986).

Nach dem zweiten Weltkrieg führte zunächst der Zuzug von Flüchtlingen und Vertriebenen überwiegend deutscher Staatsangehörigkeit zu einer hohen Nettomigration in Westdeutschland. Seit Mitte der 50er-Jahre wurde zusätzlich die Zuwanderung von „Gastarbeitern“ initiiert, da in einigen westdeutschen Branchen Arbeitsplätze nicht mehr besetzt werden konnten. 1955 schloß die Bundesrepublik Deutschland mit Italien ein entsprechendes Anwerbeabkommen, es folgten 1960 Spanien und Griechenland, 1961 die Türkei, 1963 Marokko, 1964 Portugal, 1965 Tunesien und 1968 Jugoslawien. Der Mauerbau der DDR und die damit ausbleibende Zuwanderung aus Ostdeutschland führte zu einem schnellen Anstieg der ausländischen Arbeitskräfte: 1964 konnte bereits der einmillionste Gastarbeiter begrüßt werden, insgesamt lebten bereits 1,2 Mio. ausländische Staatsangehörige in der Bundesrepublik Deutschland. 1970 wurden 3 Mio. ausländische Staatsangehörige gezählt, was etwa 5 v.H. der westdeutschen Wohnbevölkerung entsprach; 1973 erreichte die Zahl der beschäftigten ausländischen Arbeitnehmer mit 2,6 Mio. oder 12 v.H. aller unselbständig Beschäftigten ihren Höhepunkt. Insgesamt lebten 1973 knapp 4 Mio. ausländische Staatsangehörige in der Bundesrepublik Deutschland. Davon waren etwa drei Viertel im erwerbsfähigen Alter (15 bis 65 Jahre). Von diesen wiederum waren etwa 90 v.H. erwerbstätig. Es besteht zu diesem Zeitpunkt fast ausschließlich Arbeitsmigration nach Westdeutschland. In der Bundesrepublik Deutschland wie in den Herkunftsländern unumstrittener Zweck dieser geförderten Zuwanderung war nicht die Organisation und Steuerung von Einwanderung wie in den USA, sondern die temporäre Überbrückung konjunktureller und demographischer Engpässe auf dem Arbeitsmarkt. Angeworben wurden Personen, die überwiegend gering bezahlte, wenig angesehene und unqualifizierte Arbeit verrichteten. Die bei der Anwerbung ausgestellten Arbeits- und Aufenthaltserlaubnisse waren in der Regel nur für ein Jahr gültig und es existierte zunächst tatsächlich eine Rotation, eine hohe Anzahl von Zu- und Fortzügen war die Folge.[18]

18 Wie in der Bundesrepublik gab es Arbeitsmigration auch in der DDR, wo ab den 60er-Jahren Vertragsarbeiter aus anderen sozialistischen Ländern Mitteleuropas, aber auch aus Kuba, Mocambique und Vietnam beschäftigt wurden, bei konsequenter Einhaltung des Rota-

Die anfängliche Akzeptanz des Rotationsmodells verlor sich mit dem zunehmenden Sichtbarwerden seiner geringen Praktikabilität. Auf Seiten der betroffenen Arbeitsmigranten stellten sich z.B. die angestrebten Sparziele als unrealistisch heraus, und der Aufenthalt wurde schrittweise verlängert. Die Unternehmen erkannten die hohen betrieblichen Folgekosten der Rotation (Einarbeitung etc.). Mit Erleichterungen bei der Verlängerung von Aufenthaltsgenehmigungen seitens der Bundesregierung 1971 begann für viele Arbeitsmigranten eine Verfestigung des Aufenthaltes, Familiennachzug setzte verstärkt ein. Nach dem Anwerbestopp 1973 beschleunigte sich diese Entwicklung. Ziel war es zunächst, mit begleitenden Maßnahmen entweder die Rückkehr von ausländischen Arbeitnehmern in ihre Herkunftsländer oder aber ihre Integration in Deutschland zu fördern. Die Zuwanderung von Arbeitsmigranten in die Bundesrepublik konnte so zwar begrenzt werden, gleichzeitig änderte sich nun aber die Bevölkerungsstruktur der Zugewanderten durch den steigenden Anteil der Familienangehörigen: aus den temporär zuwandernden Arbeitsmigranten wurden nun dauerhafte Einwanderer.

Die Entwicklung der Ausländerbeschäftigung in (West-) Deutschland seit 1960 zeigt, daß bis in die 80er-Jahre Zuwanderung -neben der staatlichen Steuerung- auch in starkem Maße konjunktur- und arbeitsmarktabhängig war. Von Beginn der 60er-bis Anfang der 70er-Jahre bestand eine hohe Nachfrage nach Arbeitskräften, die zum größten Teil durch die Anwerbung von Ausländern gedeckt wurde. So verachtfachte sich die Anzahl der ausländischen Erwerbstätigen zwischen 1960 und 1973 von rund 300 000 (1960) auf knapp 2,5 Mio. (1973). Infolge des Anwerbestopps 1973 und der Wirtschaftskrise 1974/75 sank die Zahl ausländischer Erwerbstätiger bis 1977 auf knapp 2 Mio., stieg bis 1980 erneut auf rund 2,2 Mio. an, sank dann infolge der Rezession Ende der 70er-Jahre bis 1985 auf rund 1,8 Mio. und steigt seitdem ständig, seit 1989 beschleunigt, auf mittlerweile (1996) wieder rund 2,5 Mio. an.[19] In Ostdeutschland sank nach 1989 die Zahl der ausländischen Erwerbstätigen von 171 000 auf einen Tiefstand von 74 000 im Jahre 1991. Seitdem stieg ihre Anzahl dort wieder, und 1996 waren bereits wieder 150 000 zu verzeichnen. Insgesamt liegt die Anzahl der ausländischen Erwerbstätigen in Deutschland 1996 bei knapp 2,7 Mio.; davon waren rund

---

tionsprinzips. Quantitativ spielte hier jedoch die Ausländerbeschäftigung nie eine so große Rolle wie in der Bundesrepublik; in den späten 80er-Jahren lag die Zahl der Vertragsarbeitnehmer in der DDR bei etwa 200 000.

19 Alle Zahlen hier nach Institut für Arbeitsmarkt- und Berufsforschung 1997, Übersicht 2.4.1.1: Arbeitskräftebilanz nach dem Beschäftigungsortskonzept 1960-1996 (Jahresdurchschnitte in 1000).

270 000 (über 10 v.H.) Selbständige und Mithelfende und rund 2,4 Mio. abhängig beschäftigte Arbeitnehmer.

Die Erwerbsquoten von ausländischen effektiven Erwerbspersonen (Erwerbstätige und Arbeitslose) wiesen von 1962-66 und 1970-79 einen sehr hohen Anteil (über 80 v.H.) unmittelbar am Erwerbsleben Beteiligter aus, mit Spitzenbeteiligungen von über 90 v.H. Anfang der 70er-Jahre. Ab 1980 weist hier der langfristige Trend stetig nach unten: 1987 wurde erstmals die Quote der deutschen effektiven Erwerbspersonen unterschritten; ab 1991 scheint sich die Erwerbsquote bei etwa 55 v.H. zu stabilisieren. Die Entwicklung der Erwerbstätigenquote zeigt die veränderten Anteile von Erwerbstätigen und Familienangehörigen in der ausländischen Wohnbevölkerung noch deutlicher: schon seit 1981 liegt die Erwerbstätigenquote der Deutschen um durchschnittlich 3 v.H., seit 1986 beschleunigt ansteigend auf mittlerweile rund 22 v.H. höher als die der Ausländer. Diese Anteilsverschiebungen erfolgten vor dem Hintergrund einer steigenden absoluten Anzahl ausländischer Erwerbstätiger. Sie erklärt sich durch steigende Zuwanderung von Nichterwerbspersonen, die größere Betroffenheit der Ausländer von Arbeitslosigkeit (Sektoren und Branchen, in denen Ausländische Staatsangehörige Beschäftigung gefunden hatten, bauten massiv Arbeitsplätze ab) sowie rechtliche Erschwernisse hinsichtlich der Arbeitsaufnahme.

Ein weiterer Indikator für die Dauerhaftigkeit des Aufenthaltes der zugewanderten Arbeitsmigranten ist die steigende Zahl von Betriebsgründungen und freiberuflich/gewerblicher Dienstleistungen (s.u., Kapitel 5.2.3).

Die Alters- und Geschlechtsstruktur der Arbeitsmigranten weist einige Besonderheiten auf (vgl. Münz/Seifert/Ulrich 1997, 54 ff.): handelte es sich zu Beginn der verstärkten Zuwanderung in den 60er-Jahren vorwiegend um alleinstehende bzw. ohne Familienangehörige nach Deutschland wandernde Männer im Alter zwischen 20 und 30 Jahren, so sind mit dem einsetzenden Familiennachzug ab Anfang der 70er-Jahre steigende Frauen- und Kinderanteile zu verzeichnen. Dennoch gibt es bis heute, trotz der veränderten Migrationstypen, einen Männerüberschuß in der ausländischen Wohnbevölkerung: 1996 lebten 56 v.H. Ausländer und 44 v.H. Ausländerinnen in Deutschland[20]. Die ausländische Wohnbevölkerung in Deutschland hat im Vergleich zur deutschen Wohnbevölkerung eine erheblich „jüngere" Altersstruktur. Unter demographischen Gesichtspunkten hatte der Zuzug der Arbeitsmigranten einen die Altersstruktur der Bundesrepublik Deutschland „verjüngenden" Effekt, da überproportional viele junge Erwachsene, welche noch vor der Fa-

20 Bei der deutschen Wohnbevölkerung ist dieses Relation umgekehrt: 48 v.H. Männer und 52 v.H. Frauen.

miliengründung standen, und wenig Ältere zuzogen. Die stärkere Zuwanderung junger Erwachsener bewirkt, daß der Anteil ausländischer Staatsangehöriger an der Gesamtbevölkerung in den Altersjahrgängen 16 bis 25 Jahre besonders hoch ist: zwischen 13 und 17 v.H. Mit dem langfristigen Verbleib in Deutschland steigt in absehbarer Zukunft aber auch der Anteil der älteren ausländischen Staatsangehörigen erheblich. So befanden sich zum 1.1.1997 rund 2 Mio. ausländische Staatsangehörige im Alter von 40 bis 65 Jahren in Deutschland, davon rund 880 000 Frauen. Die Quote der über 60jährigen je einhundert 20 bis 60jährige (Altenquotient) der deutschen Bevölkerung lag 1994 etwa bei 30 (Männer) bzw. 48 (Frauen), bei der ausländischen Wohnbevölkerung lediglich bei 9 (insgesamt). Der die Altersstruktur der Bundesrepublik Deutschland „verjüngende“ Effekt der Zuwanderung ist auch Folge einer höheren Kinderzahl in ausländischen Familien: noch 1975 lag die durchschnittliche Zahl der Geburten je Ausländerin im Alter von 15 bis 45 Jahren (TFR) bei 2,4. Diese ist bis heute stark zurückgegangen, liegt derzeit mit etwa 1,8 aber immer noch erheblich über der TFR der deutschen Frauen (etwa 1,2). Die Unterschiede im Geburtenverhalten zwischen den verschiedenen Nationalitäten gleichen sich im Integrationsprozeß aber tendenziell weiter an (vgl. auch Schwarz 1998).

In den Jahren seit 1973 fand, auf der Grundlage der Anwerbestopp-Ausnahme-Verordnung, eine geringe jährliche Zuwanderung in bestimmten Berufsgruppen statt. Ab Anfang der 90er-Jahre ist wieder eine verstärke temporäre Rekrutierung von Arbeitsmigranten auf der Grundlage von Werkverträgen, als Saisonarbeiter oder in speziellen Berufsgruppen zu beobachten. Diese neuen Formen der Arbeitsmigration sind zum Teil an Kontingente gebunden und dienen der gezielten Ergänzung spezifischer Arbeitsmarktsegmente (Bau, Erntehelfer, Pflegebereich u.a.).

Tabelle 4: Temporäre Arbeitsmigration nach Deutschland, 1991 bis 1996 (Zugangsszahlen in den jeweiligen Jahren)

	1991	1992	1993	1994	1995	1996
Werkvertragsarbeitnehmer[a)]	53 095	94 902	70 137	41 216	76 614	54 505
Saisonarbeitnehmer	128 688	212 442	181 037	155 217	144 766	162 653
Grenzgänger [b)]	7 000	12 400	11 200	8 000	9 600	5 800
Sonstige [a) c)]	2 234	6 512	6 276	5 941	25 000	26 000
Insgesamt	191 017	326 256	268 650	210 374	260 602	253 512

a) Nur Zahlen der erstmaligen Arbeitserlaubnis erfaßt, die Gesamtzahl (Fortsetzung, erneute Beschäftigung) hat einen Faktor von 1:4, d.h. es bestanden z.B. 1995 und 1996 insgesamt etwa 190 000 Werkverträge.

b) Hierbei handelt es sich nicht um Migranten im Sinne der Definition in 1.1.
c) "Neue Gastarbeiter": z.B. angeworbene Krankenschwestern, Spezialitätenköche, Studenten, sonstige Fälle nach der Anwerbestopp-Ausnahme-Verordnung (ASAV)

Quelle: Bundesanstalt für Arbeit (nach Hönekopp 1997)

3.1.3 Asylsuchende und Flüchtlinge

Die Bundesrepublik Deutschland gehört seit Jahren zu den größten Aufnahme- und Zielländern von Flüchtlingen und Asylsuchenden in Europa. Die Gründe hierfür sind vielfältig: Die geographische Lage Deutschlands als Schnittstelle bzw. Brücke zwischen Ost und West spielt eine Rolle, aber auch seine wirtschaftliche Anziehungskraft und bestehende „communities" verschiedener Gruppen ausländischer Staatsangehöriger (vgl. AWR-Bulletin 1995). Außerdem hatte das Asylrecht seit Gründung der Bundesrepublik im Jahre 1949 einen besonderen Stellenwert: die Erfahrungen mit der eigenen Emigrations- und Fluchterfahrung veranlaßte die „Mütter" und „Väter" des Grundgesetzes zur Aufnahme des Rechts auf Asyl als Grundrecht in die Verfassung.

Als Asylsuchende bzw. Asylbewerber[21] werden ausländische Staatsangehörige bezeichnet, die an der Grenze, bei der Polizei oder bei einer Ausländerbehörde einen Asylantrag stellen, und zwar bis zur rechtskräftigen Entscheidung über denselben durch das Bundesamt für die Anerkennung ausländischer Flüchtlinge oder durch Gerichte. De-facto-Flüchtlinge sind Flüchtlinge, die keinen Asylantrag gestellt haben oder deren Asylantrag rechtskräftig abgelehnt wurde, die jedoch aus rechtlichen, humanitären oder sonstigen Gründen nicht abgeschoben werden (können). Es handelt sich dabei nicht um einen klar umgrenzten Rechtsbegriff, sondern um Personen, die aufgrund verschiedenster Rechtsgrundlagen, aus humanitären oder faktischen Zwängen, „de facto" nicht abgeschoben werden, zum Beispiel weil ihnen im Herkunftsland Gefahr für Leib und Leben droht. Als Konventionsflüchtlinge werden diejenigen Flüchtlinge bezeichnet, bei denen sich eine Abschiebung aufgrund § 51 Abs. 1 AuslG (in Verbindung mit Artikel 33 der Genfer Flüchtlingskonvention von 28. Juli 1951) verbietet. Kontingentflüchtlinge sind Flüchtlinge, die aus humanitären Gründen in einer bestimmten Größenordnung (Kontingent) im Rahmen internationaler Hilfsmaßnahmen aufgenommen wurden.

---

21 Zu den Definitionen vgl. Uihlein (1990),5 ff.; Art. 16a GG, Genfer Flüchtlingskonvention Art. 33 und §§ 51(1), 32a AuslG.

Asylberechtigte sind Personen, die aufgrund ihres Asylantrages vom Bundesamt für die Anerkennung ausländischer Flüchtlinge oder durch Gerichte als politisch Verfolgte im Sinne des Grundgesetzes rechtskräftig anerkannt wurden.

Für Kriegs- und Bürgerkriegsflüchtlinge wurde im Zusammenhang mit der Asylgrundrechtsänderung, die am 1. Juli 1993 in Kraft trat, ein spezieller Rechtsstatus außerhalb des Asylverfahrens geschaffen. Diesen Flüchtlingen soll in der Bundesrepublik Deutschland vorübergehend Schutz gewährt werden, bis der Krieg oder Bürgerkrieg in ihrem Heimatland beendet ist. Ihnen steht nicht das Recht auf politisches Asyl nach Artikel 16 a GG zu.

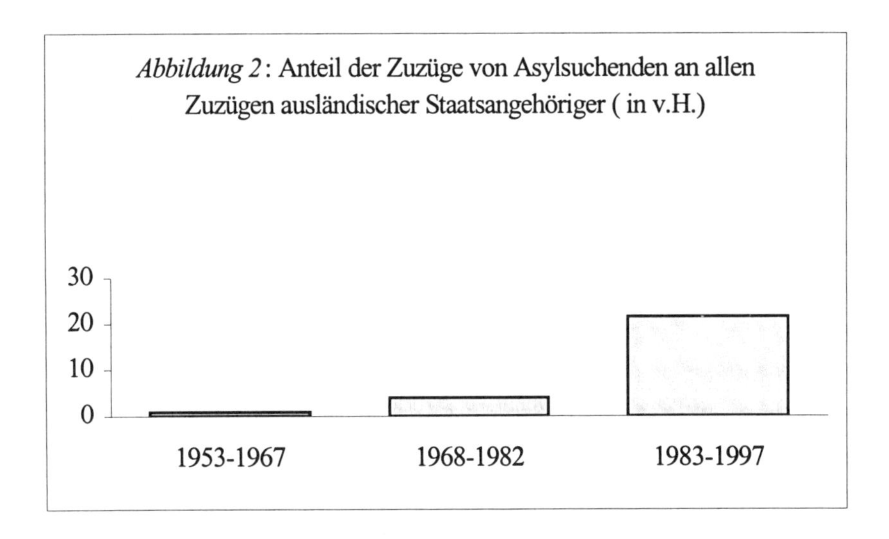

Abbildung 2: Anteil der Zuzüge von Asylsuchenden an allen Zuzügen ausländischer Staatsangehöriger (in v.H.)

Quelle: Statistisches Bundesamt (1998)

Seit der Errichtung des Bundesamtes für die Anerkennung ausländischer Flüchtlinge (1953) haben bis 1997 insgesamt über 2,6 Mio. Personen in der Bundesrepublik Deutschland Asyl begehrt, davon allein rund 1,8 Mio. seit 1989.[22] Lag die Zahl der Asylsuchenden bis in die Mitte der 70er-Jahre bei

---

22 Vgl. zu den Zuzugszahlen, den Anerkennungen, Ablehnungen, sonstigen Erledigungen und anderen Einzelheiten aus dem Asylentscheidungsverfahren v. Pollern (verschiedene Jahrgänge seit 1981), zuletzt 1998. Es werden hier nur Erstanträge ausgewiesen, keine Asylfolgeanträge oder Asylanträge während eines gerichtlichen Verfahrens.

zumeist weit unter 10 000 jährlich, stieg sie zwischen 1976 und 1980 von rund 11 000 auf über 100 000 an, sank bis 1983 wieder auf unter 20 000, erhöhte sich erneut bis 1986 auf knapp 100 000, fiel dann 1987 noch einmal auf etwa 57 000 und erreichte 1992 den Höchststand von knapp 440 000. Nach der Änderung des Artikel 16 GG sank die Anzahl der jährlich Asylbeantragenden rasch, auf circa 116 000 (1996). Der abnehmende Trend hat sich 1997 und 1998 fortgesetzt: Nach Angaben des BMI sind 1997 insgesamt rund 104 000 Anträge zu verzeichnen gewesen, etwa 12 000 oder knapp 10 v.H. weniger als 1996; zuletzt waren 1988 so wenige Asylanträge gestellt worden. Im Jahr 1998 lag die Zahl knapp unter 100 000.

Tabelle 5 zeigt die Gesamtzahl der Asylsuchenden und der Anerkennungen 1953 bis 1997. Die Zahlen zu den Entscheidungen über Asylanträge und den Ablehnungen liegen bis 1980 nicht in allen Jahren vor. Aufgrund der dadurch fehlenden Vergleichszahlen können keine Gesamtquoten genannt werden. Da aber der überwiegende Anteil aller Zuzüge von Asylsuchenden erst ab 1980 erfolgte, sind die seit dem anzutreffenden Ablehnungs- und Anerkennungsquoten auch für den langfristigen Durchschnitt aussagekräftig.

Eine erhebliche Anzahl von jährlich etwa 20 000 abgelehnten Asylbewerbern wurde in den 90er-Jahren zwangsweise abgeschoben. Einen generellen *Abschiebestopp* für seit langem in Deutschland lebende Asylbewerber fordern sowohl Kirchen und Flüchtlingsorganisationen als auch die Fraktionen von SPD und Bündnis 90/Die Grünen im Deutschen Bundestag. Entsprechende Gesetzentwürfe wurden dort eingebracht, u.a. auch durch den Bundesrat (BT-Drs. 13/1188 und 13/1189). Ebenso wurde in den letzten Jahren ein *generelles Bleiberecht* für seit langem in Deutschland lebende Asylbewerber gefordert, wiederum neben den Kirchen und Flüchtlingsorganisationen auch von den Fraktionen der SPD und Bündnis 90/Die Grünen.

Tabelle 5: Asyl in Deutschland seit 1953

Jahr	Asyl-suchende	Entschei-dungen	Anerken-nungen	Ableh-nungen	Sonstige Erledi-gungen	Anerken-nungs-quote	Ableh-nungs-quote
1953-1979	218 280	/	57 924	/	/	[≈ 26,5]	/
1980	107 818	89 135	12 783	69 463	7 184	14,9	77,9
1981	49 391	72 655	8 531	54 160	10 671	11,7	74,5
1982	37 423	45 130	6 209	26 606	13 505	13,8	59,0
1983	19 737	36 702	5 032	22 624	9 046	13,7	61,6
1984	35 278	24 724	6 566	11 420	6 738	26,6	46,2
1985	73 832	38 504	11 224	17 013	10 267	29,2	44,2
1986	99 650	55 555	8 853	31 955	14 747	15,9	57,5
1987	57 379	87 539	8 231	62 000	17 308	9,4	70,8
1988	103 076	88 530	7 621	62 983	17 926	8,6	71,1
1989	121 318	120 610	5 991	89 866	24 753	5,0	74,5
1990	193 063	148 842	6 518	116 268	26 056	4,4	78,1
1991	256 112	168 023	11 597	128 820	27 606	6,9	76,7
1992	438 191	216 356	9 189	163 637	43 530	4,3	75,6
1993	322 599	513 561	16 396	347 991	149 174	3,2	67,8
1994	127 210	352 572	25 578	238 386	78 622	7,3	67,6
1995	127 937	200 188	18 100	117 939	58 781	9,0	58,9
1996	116 367	194 451	14 389	126 652	43 799	7,4	65,1
1997	104 354	170 801	8 443	101 886	50 693	5,0	60,0
1953-1997	*2 628 983*		*250 632*		*∅1980-97:*	*7,5*	*68,8*

1997 vorläufige Zahlen lt. Pressemitteilung des BMI

Quelle: Bundesamt für die Anerkennung ausländischer Flüchtlinge, Nürnberg 1997

Asylsuchende und Flüchtlinge stellen einen zunehmenden Anteil an allen Zuzügen von ausländischen Staatsangehörigen nach Deutschland: Ihr Anteil war zunächst (1953 bis 1967) mit durchschnittlich unter 1 v.H. quantitativ unbedeutend; er stieg dann in den Jahren 1968 bis 1982 auf durchschnittlich rund 4 v.H. und lag in den Jahren 1983 bis 1997 bei durchschnittlich knapp 22 v.H.[23]

Im Jahr des bislang stärksten Zuzuges ausländischer Staatsangehöriger nach Deutschland (1992) war auch der Anteil der Asylsuchenden mit rund einem Drittel am höchsten. Die stark gesunkene Anzahl Asylsuchender nach 1993 ließ auch ihren Anteil an allen Zuzügen ausländischer Staatsangehöriger rapide sinken, auf mittlerweile (1997) rund 17 v.H.[24]

23 Bei der Interpretation der Zahlen ist zu beachten, das, im Unterschied zur Zu- und Fortzugsstatistik, welche den einzelnen Wanderungsfall angibt, Asylsuchende personenbezogen erfaßt werden.

24 Zusätzlich sind seit 1992 über 300 000 Bürgerkriegsflüchtlinge aus dem ehemaligen Jugoslawien aufgenommen worden. Vgl. hierzu UNHCR/ ZDWF 1995, 7 f. Davon sind bisEn-

Ein geringerer Anteil der Asylsuchenden wird in seinem Aufnahmebegehren anerkannt. Von 1953 bis 1997 belief sich ihre Anzahl auf insgesamt etwa 240 000. Bei rund 2,6 Mio. gestellten Asylanträgen in diesem Zeitraum entspricht das einer durchschnittlichen Anerkennung von etwa 9,6 v.H. Die Anerkennungen von Asylsuchenden sind im Zeitablauf durchschnittlich gesunken: Sie weisen tendenziell eine umgekehrte Proportionalität zu der jeweiligen Gesamtzahl von Asylsuchenden auf. Lag die Anerkennungsquote zu Beginn der 70er-Jahre (bei einer Gesamtzahl von rund 5 000 Asylsuchenden) noch bei etwa 40 v.H., sank sie bei gleichzeitig stärkeren Zuzügen auf circa 15 v.H. im Jahr 1980 (bei einer Gesamtzahl von über 100 000 Asylsuchenden). Nach einem zwischenzeitlichen Anstieg der Quote auf knapp 30 v.H. im Jahr 1985, sank sie bis 1993 auf den bisherigen Tiefststand von nur noch rund 3 v.H. Im Durchschnitt der Jahre 1989 bis 1997 betrug sie unter 6 v.H.[25] Dabei ist zu beachten, daß sich die Anerkennungsquote nicht auf die Anzahl der Neuzugänge eines Jahres bezieht, sondern auf die in demselben Jahr gefällten Entscheidungen über Anträge; da die Zahl der Neuzugänge und die Anzahl der Entscheidungen in einem Jahr aufgrund der Dauer[26] einzelner Asylverfahren i.d.R. unterschiedlich hoch sind, ist die Anerkennungsquote nur bei einer mehrjährigen Betrachtung aussagekräftig.

Asylberechtigte haben einen Anspruch auf unbefristete Aufenthaltserlaubnis, Eingliederungsleistungen usw. Das gilt z.T. auch für Ehegatten und minderjährige Kinder von anerkannten Asylbewerbern. Einen ähnlichen Rechtsstatus (unbefristete Aufenthaltserlaubnis, Eingliederungsleistungen usw.) haben Kontingentflüchtlinge.

---

de 1998 fast alle wieder in ihre Heimat zurückgekehrt bzw. in andere Länder weiter gewandert.

25 Dabei sind nur die Entscheidungen des Bundesamtes für die Anerkennung ausländischer Flüchtlinge berücksichtigt, nicht die Anerkennungen durch Gerichtsentscheidungen (abgelehnte Asylbewerber legen nach Schätzung der Bundesregierung zu etwa 55 bis 60 v.H. Rechtsmittel ein, vgl. Antwort der Bundesregierung vom4. Juni 1996 auf die schriftliche Frage der Abg. J. Hoffmann (SPD), Bt-Drs. 13/4819, 3). Nach Angaben des BMI werden zusätzlich 1,5 bis 3 v.H. der Asylsuchenden in Gerichtsverfahren anerkannt. Es besteht allerdings die Möglichkeit, das Asylsuchende in den verschiedenen Statistiken doppelt bzw. mehrfach erfaßt sind. Ebenfalls nicht enthalten sind die Personen, die aufgrund § 51 Abs. 1 Ausländer-Gesetz (AuslG) Abschiebeschutz erhalten -in den vergangenen Jahren immerhin fast 10 000 jährlich- bzw. bei denen nach § 53 AuslG Abschiebungshindernisse bestehen.

26 Es haben z. B. vom 1. Juli 1993 bis zum 16. Oktober 1995 insgesamt 312 542 Personen einen Asylantrag gestellt, davon wurden im gleichen Zeitraum 139 361 bestands- und rechtskräftig entschieden; von diesen sind rund 28 000 erst nach über 12 Monaten entschieden worden. Vgl. Antwort der Bundesregierung vom 20. Oktober 1995 auf die schriftliche Frage der Abg. Brigitte Lange (SPD), Bt.-Drs. 13/2801, 7.

Nach Angaben des BMI lebten 1996 insgesamt etwa 300 000 Asylberechtigte (einschließlich Familienangehöriger) in Deutschland sowie über 120 000 Kontingentflüchtlinge[27] und heimatlose Ausländer. Weitere 350 000 Personen befanden sich 1996 im Asylverfahren und über 500 000 hielten sich als De-facto-Flüchtlinge in Deutschland auf.

Die Herkunft der Asylsuchenden hat sich in der Vergangenheit oft verändert. In den jeweiligen Anteilen spiegeln sich auch die zeitgeschichtlichen Krisen, Kriege und Katastrophen wider. Ende der 70er-Jahre stammte fast die Hälfte der Asylsuchenden aus Asien. Der rapide Anstieg von Asylsuchenden 1980 auf über 100 000 ist Folge des Militärputsches in der Türkei (knapp 58 000 stammten in diesem Jahr von dort). Die Zunahme der Asylbewerberzahlen seit Ende der 80er-Jahre wurde insbesondere getragen von Zuzügen aus (süd-)osteuropäischen Ländern, deren Anteil sich von knapp einem Viertel 1985 auf fast drei Viertel im Jahre 1993 erhöhte. Es sind insbesondere Zuzüge aus dem ehemaligen Jugoslawien, aus Rumänien und Bulgarien zu verzeichnen gewesen, aber auch weiterhin aus der Türkei. Der Zuzug aus Afrika spielt mit einem Anteil von etwa 10 v.H. bislang eine geringere Rolle. Im Verhältnis von europäischen zu außereuropäischen Herkunftsländern hat sich seit Mitte der 80er Jahre ein drastischer Wandel vollzogen: Stammten 1986 noch etwa 75 v.H. aller Asylsuchenden aus außereuropäischen Ländern und nur etwa 25 v.H. aus Europa, kamen 1993 rund 72 v.H. aller Asylsuchenden aus europäischen Ländern, etwa 15 v.H. aus Asien und rund 11 v.H. aus Afrika. 1997 stammten die meisten Asylsuchenden aus der Türkei (knapp 17 000 oder 16,1 v.H. aller Asylsuchenden), aus den Nachfolgestaaten des ehemaligen Jugoslawiens (knapp 17 000 oder 16,7 v.H. aller Asylsuchenden) sowie dem Irak (rund 14 000 oder 13,5 v.H. aller Asylsuchenden); aus Afghanistan kamen etwa 4 700, aus Sri Lanka und dem Iran jeweils knapp 4 000. Dabei ist allerdings zu berücksichtigen, daß die jeweilige Staatsangehörigkeit nicht immer mit der ethnischen Herkunft gleichzusetzen ist (etwa Kurden aus der Türkei, Albaner aus dem ehemaligen Jugoslawien).

Betrachtet man die jeweils zehn größten Herkunftsländer/-gebiete von Asylsuchenden im Zeitraum von 1983 bis 1996, so zeigt sich einerseits eine große Heterogenität, andererseits eine gewisse Kontinuität des Zuzugs aus einigen Ländern. Innerhalb dieses Zeitraumes waren insgesamt etwa 80 v.H. aller Zuzüge von Asylsuchenden in die Bundesrepublik Deutschland zu verzeichnen. Davon kamen aus 22 Ländern/Gebieten durchschnittlich über 90 v.H. aller Asylsuchenden. Aus der Türkei ist in jedem Jahr seit 1983 ein

---

27 Darunter befanden sich bis etwa 55 000 Zugewanderte jüdischer Religion aus dem Gebiet der früheren Sowjetunion; vgl. zu dieser Gruppe Jasper/Vogt 1999.

starker Zuzug zu verzeichnen gewesen, wobei die jährlichen Zahlen zwischen knapp 5 000 und rund 28 000 schwankten. Insgesamt stammten über 11 v.H. aller zwischen 1983 und 1996 zugezogenen Asylsuchenden aus der Türkei. Noch stärker war der Zuzug aus dem Gebiet des früheren Jugoslawien, der allerdings erst 1987 in bedeutendem Umfang einsetzte und mit dem ausbrechenden Bürgerkrieg dann schnell anstieg: 1991 bis 1993 zogen von dort knapp 300 000 Personen als Asylsuchende zu. Insgesamt kamen knapp 23 v.H. aller Asylsuchenden aus dem Gebiet des früheren Jugoslawien. Infolge der Krisen, die im Zusammenhang mit den politischen und wirtschaftlichen Umgestaltungen in Osteuropa einhergingen, sowie der leichteren Ausreisebedingungen stieg der Zuzug aus Ländern des früheren „Ostblocks“ nach 1987 stark an: Aus Rumänien stammen insgesamt über 13 v.H. aller Asylsuchenden zwischen 1983 und 1996, mit einer Spitze von über 100 000 Zuzügen im Jahr 1992; aus Polen war der Zuzug zwischen 1984 und 1990 besonders stark, insgesamt stammen rund 5 v.H. aller Asylsuchenden von dort; aus der früheren CSSR, Ungarn und der ehemaligen Sowjetunion kamen zusammen etwa 4,5 v.H. aller Zuzüge, aus Bulgarien knapp 4 v.H. Diese Zuwanderung von Asylsuchenden aus Ost- und Südosteuropa (seit 1983 insgesamt etwa 55 v.H. aller Asylsuchenden) ist wesentlich in der Umbruchsituation und den kriegerischen Auseinandersetzungen begründet und dürfte künftig, bei einer friedlichen Entwicklung, fast keine Rolle mehr spielen. Aus dem Iran (seit 1983 knapp 90 000 oder 4,2 v.H. aller Asylsuchenden), Sri Lanka (knapp 77 000/ 3,7 v.H.) und Afghanistan (etwa 60 000/3 v.H.) zogen im Betrachtungszeitraum kontinuierlich Asylsuchende zu und es sind, unter Berücksichtigung der dort bestehenden politischen Instabilität und Menschenrechtssituation, aus diesen Ländern auch künftig weiterhin Asylsuchende zu erwarten. Aus dem Libanon waren in der zweiten Hälfte der 80er und zu Beginn der 90er Jahre noch stärkere Zuzüge zu verzeichnen (insgesamt rund 60 000/ 3 v.H.), die mittlerweile nachgelassen haben.

Um eine gleichmäßige Verteilung im Bundesgebiet zu gewährleisten werden den Bundesländer nach einem bestimmten Schlüssel, der sich an der Bevölkerungsgröße des jeweiligen Bundeslandes orientiert, Asylantragsteller zugewiesen (§ 45, 46 AsylVfG). Für die Dauer des Asylverfahrens erhalten Asylsuchende eine Aufenthaltsgestattung (§ 55 AsylVfG); ihr Aufenthalt ist räumlich auf den Bezirk der Ausländerbehörde beschränkt.

Asylbewerber, deren Verfahren zum Auswertungsstichtag 31. Dezember 1995 noch nicht rechts- und bestandskräftig abgeschlossen waren, wiesen zu diesem Zeitpunkt folgende Differenzierung nach Geschlecht, Familienstand und Alter auf:[28] Von den rund 375 000 Asylbewerbern insgesamt waren rund 240 000 (oder 64 v.H.) männlich und knapp 135 000 (36 v.H.) weiblich. Rund 105 000 (28 v.H.) Asylbewerber waren unter 16 Jahre alt; hier ist eine fast ausgeglichene Geschlechterproportion vorfindlich (rund 55 000 Jungen und knapp 50 000 Mädchen). Knapp 233 000 Asylbewerber waren ledig, rund 124 000 verheiratet, knapp 4 000 verwitwet und rund 3 200 geschieden. Zieht man bei den Ledigen die rund 102 000 unverheirateten Kinder und Jugendlichen ab, so sind dann in den Altersgruppen über 16 Jahre rund 130 000 Ledige (47,6 v.H.) und 124 000 Verheiratete (45,4 v.H.) zu verzeichnen. Knapp 108 000 der Ledigen (rund 83 v.H.) waren Männer, nur 22 000 (knapp 17 v.H.) Frauen. Ähnlich wie Aussiedler und Arbeitsmigranten weisen Asylbewerber eine jüngere Altersstruktur als die ansässige Bevölkerung aus, bei allerdings verzerrter Geschlechterproportion.

Über den Verbleib eines großen Teils der Asylsuchenden nach Abschluß des Asylverfahrens können nur Vermutungen angestellt werden. Zwischen 1987 und 1996 haben insgesamt rund 1,8 Mio. Personen einen Erstasylantrag in der Bundesrepublik Deutschland gestellt. Bezüglich des Verbleibs sind folgende Gruppen (annäherungsweise) zu quantifizieren: 123 610 Asylbewerber wurden zwischen 1987 und 1996 nach Art. 16 GG bzw. Art. 16 a GG anerkannt; zwischen 1994 bis Ende 1996 erhielten zudem 24 365 Flüchtlinge Abschiebeschutz nach § 51 Abs. 1 AuslG (Konventionsflüchtlinge). Nach Auskunft des BMI erreichen durchschnittlich etwa 1,5 bis 3 v.H. aller Asylsuchenden jährlich die Anerkennung in einem Gerichtsverfahren, von 1987 bis 1996 also schätzungsweise etwa 40 000. 1996 befanden sich darüber hinaus noch etwa 350 000 Asylbewerber im Anerkennungsverfahren. Insgesamt 148 159 nichtanerkannte Asylbewerber wurden zwischen 1987 und 1996 abgeschoben, etwa ebenso viele dürften erfahrungsgemäß[29] kontrolliert freiwillig ausgereist sein. Daraus ergibt sich, daß über den Verbleib von etwa 1 Mio. Asylbewerbern nur spekuliert werden kann: von ihnen wird vermutlich ein kleinerer Teil schon vor Beendigung des Anerkennungsverfahrens die Bundesrepublik wieder verlassen haben, ein größerer Teil dürfte als „geduldeter Flüchtling" in der Bundesrepublik Deutschland leben (mit unsicherer Aufenthaltsperspektive), eine nicht geringe Anzahl sich ebenfalls weiterhin in Deutschland aufhalten, aber „illegal"[30].

---

28 Vgl. Antwort der Bundesregierung auf die Große Anfrage der Fraktion Bündnis 90/Die Grünen „Situation der Bundesrepublik Deutschland als Einwanderungsland", Bt-Drs. 13/5065, 10 und 59. Daten dort nach Bundesverwaltungsamt-Ausländerzentralregister (AZR) (III 5-20.473.3).

29 Vgl. Bulletin der Bundesregierung vom 11. Januar 1996.

30 Zu den abgelehnten Asylbewerbern ohne anderweitigen Aufenthaltstitel, die nicht ausrei-

3.1.4 *Wanderungen zur Familienzusammenführung*

Infolge von Flucht- und Arbeitswanderungen, die zunächst temporär geplant waren, sich jedoch zu dauerhafter Niederlassung im Zielland der Migration verfestigten, treten Wanderungen zum Zweck der Familienzusammenführung auf. Diese sind in vielen Zielländern derzeit schon quantitativ am bedeutendsten[31] und dürften in Zukunft noch zunehmen, da in einem typischen Wanderungsmuster zunächst Einzelpersonen (z.B. zur Arbeitsaufnahme) in ein anderes Gebiet oder Land wandern, mit Verfestigung des Aufenthaltes im Zielgebiet der Migration dann Familienangehörige nachgeholt werden.[32] In der Bundesrepublik Deutschland trug der Ehegatten- und Familiennachzug seit dem Anwerbestopp für Gastarbeiter 1973 erheblich zu der insgesamt verzeichneten Nettozuwanderung bei. Die angeworbenen Arbeitsmigranten der 50er und 60er Jahre haben allerdings mittlerweile den Familiennachzug überwiegend abgeschlossen: in der „Repräsentativerhebung '95" wurde festgestellt, daß Angehörige dieser Migrantengruppe ihren Ehepartner zunehmend in Deutschland finden.[33]

Zwischen 1973 und 1980 wurden insgesamt etwa 3,35 Mio. Zuzüge ausländischer Staatsangehöriger in die Bundesrepublik verzeichnet, davon waren knapp 240 000 Asylsuchende. Neben sonstigen Zuzügen handelt es sich bei den übrigen etwa 3 Mio. Zuzügen in erster Linie um Familiennachzug. Die rechtliche Grundlage für den Nachzug von ausländischen Ehegatten und Kindern von in der Bundesrepublik lebenden Personen bilden Art. 6 Abs. 1 GG (Schutz von Ehe und Familie), Art. 8 der Europäischen Menschenrechtskonvention (Schutz von Privat- und Familienleben) sowie das Ausländergesetz in §§ 17-23 (vgl. auch unten, Kapitel 4.1).

Der Nachzug von Staatsangehörigen aus Ländern der Europäischen Union ist im Aufenthaltsgesetz/EWG vom 31. Januar 1980 geregelt. Danach haben neben Arbeitnehmern und Selbständigen auch Ehegatten, Kinder bis zum 21. Lebensjahr und Verwandte, deren Unterhalt durch einen Familienangehörigen gesichert ist, Freizügigkeit. In der amtlichen Statistik ist Ehegatten- und Familiennachzug nicht eigens ausgewiesen.

Eine Annäherung an die tatsächliche Zahl wird erreicht, wenn von der Gesamtzahl der Zuwanderungen Aussiedler, Asylsuchende und Bürger-

---

sen, hinzu kommen illegal Einreisende, deren Zahl nach 1993 angestiegen sein dürfte.1998 sind nach Angaben des BKA mindestens 40 000 illegale Einreisen zu verzeichnen gewesen (1997: 35 205).

31 Vgl. OECD 1997, 17.

32 Bei erst kurz erfolgter Zuwanderung wird auch in der Heimat nach Ehepartnern gesucht.

33 Vgl. die Ergebnisse im einzelnen in SIGMA/ Forschungsinstitut der FES 1996, 196/197.

kriegsflüchtlinge, EG-Ausländer sowie Werkvertragsarbeitnehmer, Saisonarbeitnehmer und sog. Grenzarbeitnehmer (§ 2 Absatz 3 Anwerbestopp-Ausnahme-Verordnung) abgezogen werden. Die daraus resultierende Restgröße kann statistisch nicht weiter differenziert werden, aber es ist davon auszugehen, daß Ehegatten- und Familiennachzug einen erheblichen Anteil an dieser Restgröße haben. Dazu zählt auch die nicht unbedeutende Gruppe derjenigen Familienangehörigen, insbesondere Ehepartner und Kinder, die entsprechend den Regelungen des Ausländergesetzes zusammen mit Aussiedlern das Herkunftsland verlassen oder diesen nachreisen, ohne selbst den Status „Aussiedler" zu haben. Diese Familienangehörigen sind ausländische Staatsangehörige und werden entsprechend auch als solche statistisch ausgewiesen. Weiterhin sind in dieser Restgröße enthalten: Wiedereinreisende ausländische Staatsangehörige, die nach den Voraussetzungen des § 16 AuslG (Recht auf Wiederkehr) einreisen, deutsche Staatsangehörige, die aus dem Ausland in die Bundesrepublik Deutschland einreisen und keine Aussiedler sind, ausländische Staatsangehörige mit vorübergehendem Aufenthalt, aber länger ausgestellten Visa (z.B.: Geschäftsreisende, Besucher), Bürger mit bestimmten Staatsangehörigkeiten, die vom Anwerbestopp ausgenommen sind (z.B. Japan, U.S.A. u.a.), Angehörige bestimmter Berufsgruppen, Au-Pair-Beschäftigte und zu Aus- und Weiterbildung Einreisende. Unter Berücksichtigung dieser Einschränkungen kann eine Quantifizierung für die Jahre 1980 bis 1996 versucht werden. Unter den Zugewanderten in den Jahren 1980 bis 1996 (ungefähr 14,4 Mio.) waren rund 2,6 Mio. Asylsuchende und Flüchtlinge, knapp 2,7 Mio. Aussiedler, knapp 2,4 Mio. EG-Staatler und 1,4 Mio. sogenannte „neue Arbeitsmigranten". Die Restgröße beträgt für diese Jahre etwa 5,5 Mio. oder rund 38 v.H., von der ein erheblicher Anteil Ehegatten- und Familiennachzug sein dürfte. In den einzelnen Jahren schwankte diese Restgröße zwischen etwa 200 000 und über 500 000, durchschnittlich sind hier etwa 325 000 Zuzüge zu verzeichnen gewesen.

Tabelle 6: Zuwanderung in die Bundesrepublik Deutschland nach Migrationsarten, 1980 bis 1996

Jahr[a]	Zuzüge insgesamt	darunter: Aussiedler	darunter: Asylsuchende und Flüchtl.	darunter: EG-Staatler[b]	darunter: sog. neue Arbeitsmigranten[c]	Restgröße
1980	736 000	52 000	108 000	155 000	5 000	**416 000**
1981	606 000	69 000	49 000	149 000	5 000	**334 000**
1982	404 000	48 000	37 000	107 000	5 000	**207 000**
1983	355 000	38 000	20 000	91 000	5 000	**201 000**
1984	410 000	37 000	35 000	94 000	5 000	**239 000**
1985	481 000	39 000	74 000	98 000	5 000	**265 000**
1986	567 000	43 000	100 000	122 000	5 000	**297 000**
1987	592 000	79 000	57 000	126 000	5 000	**325 000**
1988	861 000	203 000	103 000	142 000	7 000	**406 000**
1989	1 134 000	377 000	121 000	144 000	8 000	**484 000**
1990	1 256 000	397 000	193 000	141 000	14 000	**511 000**
1991	1 183 000	222 000	306 000	151 000	157 000	**347 000**
1992	1 489 000	231 000	548 000	144 000	266 000	**300 000**
1993	1 268 000	219 000	433 000	141 000	222 000	**253 000**
1994	1 083 000	223 000	207 000	163 000	181 000	**296 000**
1995	1 096 000	218 000	127 000	206 000	260 000	**285 000**
1996	960 000	178 000	116 000	197 000	254 000	**392 822**
Summe	14 468 000	2 673 000	2 634 000	2 371 000	1 409 000	**5 559 000**

Quelle: Statistisches Bundesamt 1998, Eurostat 1997, BMI 1997, BAFI 1997, Bundesanstalt für Arbeit 1997a

a) ab dem 1. Januar 1991 Zahlen für Deutschland insgesamt.

b) Jeweiliger Gebietsstand: ab 1981 mit Griechenland, ab 1986 mit Portugal und Spanien.

c) Z.T. geschätzt; hierbei handelt es sich um Werkvertragsarbeitnehmer (insbesondere im Bausektor), Gastarbeitnehmer (zur beruflichen und sprachlichen Fortbildung), Saisonarbeitnehmer (sog. kurzzeitgebundene Beschäftigung in den Bereichen der Land- und Forstwirtschaft, im Hotel- und Gaststättengewerbe u.a.), Grenzarbeitnehmer (ohne ausländerrechtliche Aufenthaltserlaubnis), qualifiziertes Kranken- und Altenpflegepersonal und Regierungsabkommenarbeitnehmer.

Aus der Türkei, dem quantitativ wichtigsten Herkunftsland aller Zugewanderten in Deutschland, waren zwischen 1980 und 1994 insgesamt etwa 1,3 Mio. Zuzüge zu verzeichnen. Da die Türkei kein Mitgliedsland der EU ist, spielt hier die EU-weite Binnenmigration keine Rolle, Zuzüge von Aussiedlern sind nicht vorhanden, „neue" Arbeitsmigration fand nur in geringem Ausmaß statt (vermutlich etwa durchschnittlich 1 000 im Jahr). Daher fallen außer den Asylsuchenden (etwa 250 000) alle verzeichneten Zuzüge aus der Türkei in diesem Zeitraum in die „Restgröße" (etwa 880 000). Wenn auch sehr wahrscheinlich ist, daß aufgrund der engen Wanderungsverflechtung zwischen Deutschland und der Türkei darunter vergleichsweise viele Wiedereinreisende (§ 16 AuslG), Pendler und Geschäftsreisende sowie längerfristige Besucher sind, so ist dennoch davon auszugehen, daß ein großer Teil davon auf Ehegatten- und Familiennachzug entfällt. Dieser Zuzug schwankt in der Größenordnung zwischen über 150 000 im Jahr 1980 und knapp 27 000 vier Jahre später, beträgt durchschnittlich etwa 60 000 und pendelte sich in den letzten betrachteten Jahren bei etwa 50 000 ein.

Im internationalen Vergleich spielt Migration zum Zweck der Familienzusammenführung eine bedeutende Rolle. In „klassischen" Einwanderungsländern wie Australien, Kanada und den USA besteht ein großer Teil der regulären Zuwanderung nach Kontingenten in Ehegatten- und Familiennachzug. In den USA lag der Anteil in den letzten 10 Jahren stets über 50 v.H. aller Zuzüge, in Australien zwischen 40 und 50 v.H. und in Kanada zwischen 30 und 40 v.H. Aber auch Frankreich und Schweden weisen diesbezüglich Anteile von etwa 50 v.H. aller Zuzüge aus, im Vereinigten Königreich lag er zuletzt bei über 80 v.H.[34]

3.2 Ausländische Wohnbevölkerung in Deutschland

Die Zahl der in der Bundesrepublik Deutschland lebenden ausländischen Staatsangehörigen hat sich zwischen 1970 und 1997 mehr als verdoppelt. Im Zuge der Gastarbeiteranwerbung lebten bereits 1974 über 4 Mio. ausländische Staatsangehörige im Bundesgebiet. Nach dem Anwerbestopp (November 1973) sank ihre Anzahl zunächst geringfügig, stieg danach jedoch -im wesentlichen aufgrund von Familienzusammenführungen- bis 1982 auf knapp 4,7 Mio. an. 1983 und 1984 sinken die Zahlen wieder geringfügig, ab 1988 steigt die Anzahl der ausländischen Staatsangehörigen erneut stark an: von etwa 4,5 Mio. auf über 7,4 Mio. zum Beginn des Jahres 1998. Dazu haben die erheblich angestiegenen Flüchtlings- und Asylbewerberzahlen einen großen Teil beigetragen. Entsprechend stieg auch der Anteil ausländischer Staatsangehöriger an der gesamten Wohnbevölkerung, der zwischen 6,4 v.H. (1973) und 7,7 v.H. (1989) schwankte, 1990 auf über 8 v.H. an. Bedingt

34 Die Vergleichbarkeit ist allerdings nur eingeschränkt gewährleistet, da die Definition der Personen, die als nachzugsberechtigte Familienmitglieder gelten, stark differieren: in den USA gehören z.B. Geschwister von Immigranten dazu, in Deutschland nicht. In Schweden wird die Zuwanderung aus anderen skandinavischen Staaten in der Statistik nicht eingerechnet, im Vereinigten Königreich wird der Familiennachzug von Flüchtlingen hierbei nicht berücksichtigt. Vgl. dazu im einzelnen OECD 1997, Statistical Annex.

durch den sehr kleinen Anteil ausländischer Wohnbevölkerung in der ehemaligen DDR ist dieser nach der Wiedervereinigung auf 7,3 v.H. der Gesamtbevölkerung gesunken.[35] Zu den rund 7,4 Mio. ausländischen Staatsangehörigen werden circa 1,5 Mio. -überwiegend im Inland geborene- unter 16jährige Jungen und Mädchen gezählt; desweiteren haben rund 2,5 Mio. Frauen und rund 3,3 Mio. Männer. eine ausländische Staatsangehörigkeit. Knapp die Hälfte (etwa 3,55 Mio.) der „Ausländer" leben bereits länger als zehn Jahre im Bundesgebiet, weitere rund 1,2 Mio. länger als fünf Jahre.

Abbildung 3: Ausländische Wohnbevölkerung in (West-) Deutschland, 1971-1997

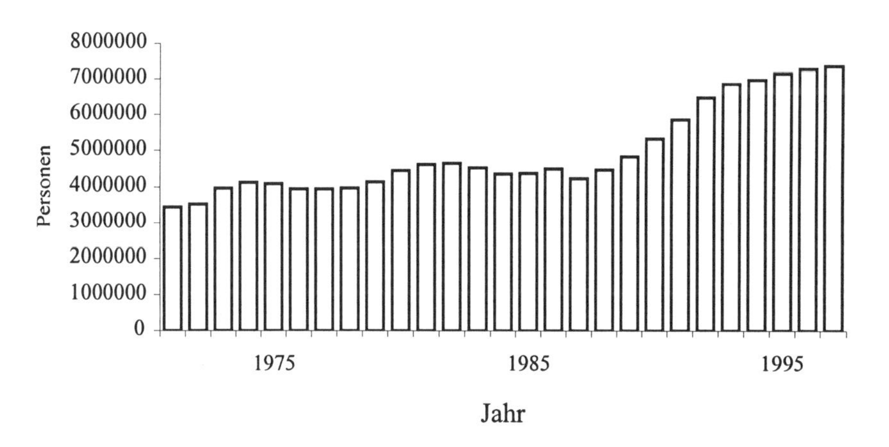

Quelle: Bundesverwaltungsamt – AZR (1998)

Etwa 28 v.H. (knapp 2,05 Mio.) der ausländischen Staatsangehörigen[36] besitzen die türkische Staatsbürgerschaft; davon sind rund ein Drittel (710 000) in Deutschland geboren. Nahezu 19 v.H. (1,35 Mio.) sind Staatsbürger Jugoslawiens oder eines der Nachfolgestaaten; davon sind etwa 200 000 in Deutschland geboren. Weitere quantitativ starke Gruppen sind Italiener mit einem Anteil von rund 8 v.H. (etwa 600 000), Griechen mit 5 v.H. (360 000)

35 Am 31.12.1991 wurden erstmalig die neuen Bundesländer in der Statistik des Ausländerzentralregister (AZR) berücksichtigt.

36 Zahlen: BVA-Ausländerzentralregister 1997.

und Polen mit 4 v.H. (knapp 300 000). Zusammen haben etwa zwei Drittel aller Ausländerinnen und Ausländer in der Bundesrepublik Deutschland eine Staatsangehörigkeit dieser fünf Länder. Einwanderung aus außereuropäischen Staaten spielt weiterhin nur eine geringe Rolle, die Bundesrepublik Deutschland ist das Zielland von Migration über relativ geringe Distanz, auch weil „postkoloniale Wanderung" kaum vorkommt (vgl. Münz/ Fassmann 1996).

4 Rechtliche Rahmenbedingungen

Die rechtlichen Rahmenbedingungen von Migration und Integration und die daraus resultierenden Folgen für verschiedenen Gruppen von Zuwanderern sind sehr unterschiedlich und zum Teil widersprüchlich:

- es wird rechtlich zunächst differenziert nach deutschen und ausländischen Zuwanderern, bei letzteren zusätzlich danach, ob eine deutsche Volkszugehörigkeit gegeben ist. Ist dieses der Fall, dann besteht ein privilegierter Zugang nach Deutschland und Anspruch auf Integrationshilfen;
- bei ausländischen Staatsangehörigen ohne deutsche Volkszugehörigkeit wird wiederum differenziert nach EG-Ausländern, die Niederlassungsfreiheit haben, und Drittstaatsangehörigen;
- daneben genießen Familienangehörige (Ehegatten, Kinder, Eltern) von bereits in der Bundesrepublik Deutschland lebenden ausländischen Staatsangehörigen Erleichterungen bei Einreise und Niederlassung;
- um Angehörige bestimmter Berufsgruppen (z.B. qualifiziertes Kranken- und Altenpflegepersonal) wird im Ausland geworben, während ansonsten Arbeitsmigration grundsätzlich ausgeschlossen ist und der Zugang zum Arbeitsmarkt für ausländische Staatsangehörige sehr stark reglementiert oder gänzlich versperrt ist;
- Asylsuchende stehen zunächst unter dem Verdacht des „Asylmißbrauchs" mit der Folge, daß ihren Zuzügen restriktiv begegnet wird. Falls sie aber in ihrem Zufluchtsbegehren anerkannt werden, gelten für sie -gegenüber anderen ausländischen (Dritt-) Staatsangehörigen- rechtliche Erleichterungen.

Das deutsche Ausländer- und Staatsangehörigkeitsrecht kennt keine Kategorie „Migrant/in", es differenziert zwischen „Deutschen" und „Ausländern". Diese Aufteilung der Gesellschaft wird aber einer komplexen *transnationalen Wirklichkeit* icht gerecht: Denn es leben in Deutschland „Inländer" mit ausländischer ebenso wie „Ausländer" mit deutscher Staatsangehörigkeit, Mehrstaatler, Staatenlose, EU-Ausländer, aus der EU assoziierten Staaten stammende Zuwanderer, Asylbewerber, Aussiedler, die juristisch Deutsche sind, ohne in ihrem sozialen Umfeld so behandelt zu werden, und Angehörige nationaler Minderheiten, deren Bürgerrechte außer Zweifel stehen, obwohl sie sich nicht als Teil des deutschen Volkes fühlen. Die Abstraktionen „Deutsche" und „Ausländer" verdrängen die sich differenzierende Zusammensetzung der Bevölkerung (vgl. hierzu auch Kimminich 1985). Das Staatsangehörigkeitsrecht ist hierbei ausschlaggebend; es unterscheidet nur scheinbar „technisch-neutral“, definiert de-facto aber Zugehörigkeiten[37], schichtet sozial und kategorisiert politisch.

Aus den komplexen und zum Teil widersprüchlichen Rechtstatsachen, welche die Lebenssituation ausländischer Zugewanderter regeln, werden im Folgenden die Regelungen des Zugangs und Aufenthaltes in der Bundesrepublik Deutschland, des Zugangs zum Arbeitsmarkt und das Verfahren der Einbürgerung ausgewählt, da von diesen wesentliche Bedingungen der Lebenswirklichkeit der Zuwanderer bestimmt und ihre Integrationschancen beeinflußt werden.

4.1 Zuzug und Aufenthalt ausländischer Staatsangehöriger[38]

Die Einreise und das Verbleiben von Ausländerinnen und Ausländern im Bundesgebiet sind grundsätzlich im Ausländergesetz geregelt[39]; speziell für EU-Ausländer geltende Regelungen enthält darüber hinaus das Aufenthaltsgesetz/EWG. Das Ausländergesetz benennt die Aufenthaltsgenehmigung als Oberbegriff für die verschiedenen Formen der aufenthaltsrechtlichen Titel (§ 5 AuslG). Diese sind nach Aufenthaltszweck und -dauer abgestuft und gewähren unterschiedliche Grade an Rechtssicherheit.

Die Aufenthaltserlaubnis (§ 15 AuslG), welche befristet und unbefristet erteilt werden kann, wird grundsätzlich ohne Bindung an einen bestimmten Zweck[40] erteilt. Die Aufenthaltserlaubnis ist diejenige Form der Aufenthalts-

---

37 Gemäß des „Ius sanguinis“ bzw. von *biologischer Kontinuität*, vgl. Hoffmann 1994, 33-48. Siehe auch die dort zitierte Einschätzung Roman Herzogs, die repräsentativ für die verbreitete Lehrmeinung in der Staatsrechtslehre steht: das „eigentliche Konstituens des Volkes“ besteht in einem „Zusammengehörigkeitsgefühl, das auf völkische Zusammengehörigkeit gerichtet ist“. Als Wurzel dieses „völkischen Zusammengehörigkeitsgefühls“ nennt er vor allem die „gemeinsame Sprache“, die „gemeinsame Abstammung“ und die „gemeinsame Geschichte“ sowie die „gemeinsame Kultur“, vgl. Herzog 1971, 43. Hoffmann weist darauf hin, daß das deutsche Staatsangehörigkeitsrecht ebenso alt ist wie das deutsche Volksbewußtsein. Jenes hat seine heutige Rechtsform im Reichs- und Staats-Angehörigkeits-Gesetz (RuStAG) von 1913 erhalten, das in der Kontinuität vorangehender Gesetze von 1870 und 1842 steht. Ein allgemeines deutsches Volksbewußtsein zeichnete sich etwa seit der Reichsgründung 1871 ab; vgl. Hoffmann, a.a.O., 40.

38 Vgl. hierzu und zur folgenden Darstellung Kugler 1995.

39 Bestimmte Gruppen wie diplomatisch entsandtes Personal und Personen, die dem Nato-Truppenstatut unterfallen, sind ausgenommen.

40 Aber sie wird auch Familienangehörigen zu dem Zweck erteilt, die familiäre Lebensgemeinschaft herzustellen oder zu wahren. Diese Aufenthaltserlaubnis wird jedoch im Regelfall nach bestimmten Fristen (vgl. z.B. § 19 AuslG) zu einem eigenständigen Aufenthalts-

genehmigung, mit der ein rechtlich gesicherter späterer Daueraufenthalt möglich wird. Sie kann daher als „Einstieg in die rechtliche Verfestigung des Aufenthalts bezeichnet werden“ (vgl. Kugler 1995, 16 ff.)[41]. Ebenso kann Inhabern einer Aufenthaltsbefugnis auf Ermessenswege nach Ablauf von 8 Jahren (vgl. § 35 AuslG) eine unbefristete Aufenthaltserlaubnis erteilt werden. Eine Aufenthaltserlaubnis wird regelmäßig das erste Mal befristet erteilt, üblicherweise für ein oder zwei Jahre; eine längere Befristung ist möglich, wenn der/die Betreffende mit einem deutschen Ehepartner verheiratet ist. Voraussetzung für die erstmalige Erteilung sind grundsätzlich u.a. der Nachweis gesicherten Unterhalts und ausreichenden Wohnraums.[42] Die befristete Aufenthaltserlaubnis ist also eine Art „ausländerrechtliche Bewährung“; bei ihrer Verlängerung treten dann Schwierigkeiten auf, wenn (z.B. infolge von Scheidung oder bei Verlust des Arbeitsplatzes) die Voraussetzungen für die erstmalige Erteilung nicht mehr vorliegen. Die Beendigung des Aufenthaltes in der Bundesrepublik kann dann die Folge sein. Anspruch auf die Erteilung einer Aufenthaltserlaubnis hat nach § 16 AuslG ein ausländischer Staatsangehöriger, der ein Recht auf Wiederkehr geltend machen kann (z.B. wenn er als Minderjähriger sich mindestens 8 Jahre rechtmäßig in der Bundesrepublik Deutschland aufgehalten hat oder 6 Jahre die Schule besucht hat) oder wer im Rahmen des Ehegattennachzugs oder als minderjähriges Kind zu einem rechtmäßig im Bundesgebiet lebenden ausländischen Staatsangehörigen zieht. Im Ermessen der Ausländerbehörden steht hingegen der sonstige Familiennachzug (§ 22 AuslG). Von den rund 7,3 Mio. ausländischen Staatsangehörigen in der Bundesrepublik Deutschland hatten 1996 über 1,5 Mio. eine befristete Aufenthaltserlaubnis.

Die unbefristete Aufenthaltserlaubnis ist die erste Stufe der sogenannten Aufenthaltsverfestigung. Hierdurch soll der durch einen längeren Inlandsaufenthalt gewachsenen Integration eines Ausländers durch einen Aufenthaltstitel mit erhöhter Rechtssicherheit Rechnung getragen werden. §§ 24 bis 26 AuslG regeln die Voraussetzungen der Erteilung einer unbefristeten Aufenthaltserlaubnis: danach ist ein mindestens fünfjähriger rechtmäßiger Aufent-

---

recht unabhängig vom Fortbestand der familiären Gemeinschaft.

41 Ein Vergleich mit Zuwanderungsbestimmungen und aufenthaltsrechtlichen Regelungen sowie Bestimmungen im Zusammenhang mit dem Erwerb der Staatsangehörigkeit anderer EU-Staaten kann an dieser Stelle nicht erfolgen. Siehe hierzu Zimmer 1996. Vergleichende rechtliche Aspekte und supranationale Entwicklungen werden diskutiert in: Weber 1997; siehe insbesondere die Beiträge von Renner, Hailbronner, Wollenschläger, Gusy und Ziegler.

42 Bei Familiennachzug zu deutschen Staatsangehörigen ist der Nachweis ausreichenden Unterhalts und Wohnraums nicht erforderlich (§ 23 AuslG).

halt in der Bundesrepublik Deutschland erforderlich, gesicherter Lebensunterhalt (aus Erwerbstätigkeit, Vermögen, Rente, Arbeitslosengeld oder sechsmonatigem Anspruch auf Arbeitslosenhilfe), einfache mündliche deutsche Sprachkenntnisse, ausreichender Wohnraum und das Nicht-Vorliegen eines Ausweisungsgrundes. Ehegatten haben, unabhängig vom Fortbestand der ehelichen Gemeinschaft, nach vier Jahren[43], nachgezogene Kinder mit Eintritt der Volljährigkeit einen eigenständigen Anspruch auf unbefristete Aufenthaltserlaubnis. 1996 besaßen über 2 Mio. der 7,3 Mio. ausländischen Staatsangehörigen in der Bundesrepublik Deutschland eine unbefristete Aufenthaltserlaubnis.

Die Aufenthaltsberechtigung (§ 27 AuslG) ist für ausländische Staatsangehörige aus Staaten außerhalb der EU die höchste Stufe der Aufenthaltsverfestigung. Sie gewährt ein uneingeschränktes Aufenthaltsrecht sowie einen verstärkten Schutz vor Ausweisung und gilt räumlich/zeitlich unbeschränkt. Voraussetzungen für ihre Erteilung sind: achtjähriger Besitz einer Aufenthaltserlaubnis oder dreijähriger Besitz einer unbefristeten Aufenthaltserlaubnis (Unterbrechungen bis zu einem Jahr können außer Betracht bleiben, § 97 AuslG), gesicherter Lebensunterhalt (unbefristetes Arbeitsverhältnis), mindestens 60 Monate Pflichtbeiträge oder freiwillige Beiträge zur gesetzlichen Rentenversicherung oder entsprechende Aufwendungen für eine private Versicherung, keine Verurteilung in den letzten drei Jahren wegen einer vorsätzlichen Straftat zu einer Jugend- oder Freiheitsstrafe von mindestens sechs Monaten oder einer Geldstrafe von mindestens 180 Tagessätzen sowie alle Voraussetzungen wie bei der Erteilung einer unbefristeten Aufenthaltsgenehmigung. Von allen ausländischen Staatsangehörigen in der Bundesrepublik Deutschland besaßen 1996 knapp 867 000 eine Aufenthaltsberechtigung.

Das Ausländergesetz kannte bis 1991 nur diese zwei (Aufenthaltserlaubnis und -berechtigung) regulären Aufenthaltstitel. In der Neufassung von Anfang 1991 wurden mit der Aufenthaltsbewilligung und -befugnis zwei weitere Formen hinzugefügt, die einen zeitlich begrenzten Aufenthalt begründen.

Eine Aufenthaltsbewilligung (§28 AuslG) wird (im Ausland vor Einreise) erteilt, wenn der Aufenthalt nur zu einem bestimmten Zweck dient und zeitlich begrenzt ist. Mit dem Aufenthaltstitel der Aufenthaltsbewilligung soll eine Verfestigung zu einem rechtlich gesicherten Aufenthalt verhindert werden. Deshalb werden z.B. Aufenthalte von Touristen, zum Besuch von Kin-

43 Bei Vorliegen einer „außergewöhnlichen Härte“ wird seit 1. November 1997 von einer bestimmten Dauer des Bestehens der ehelichen Lebensgemeinschaft im Bundesgebiet abgesehen. Siehe BGBL Nr. 72 vom 31.10.1997 Seite 2584.

dern, Eltern oder Ehegatten, für Geschäfte oder zur Saisonarbeit, zu Ausbildung oder Studium nur noch auf der Grundlage der Aufenthaltsbewilligung ermöglicht. Auf die Erteilung einer Aufenthaltsbewilligung besteht kein Anspruch.[44] Sie wird für längstens 2 Jahre erteilt; es besteht die Möglichkeit zur Verlängerung bei Fortbestehen des Aufenthaltszweckes. Ein Wechsel von der Aufenthaltsbewilligung zur Aufenthaltserlaubnis ist nur in Ausnahmefällen (Familiennachzug) möglich, im übrigen muß der Antragsteller zunächst ausreisen und kann erst nach einem Jahr eine Aufenthaltserlaubnis beantragen. In der Bundesrepublik Deutschland lebten 1996 knapp 200 000 ausländische Staatsangehörige mit einer Aufenthaltsbewilligung.

Eine Aufenthaltsbefugnis (§ 30 AuslG) wird erteilt, wenn einem ausländischen Staatsangehörigen aus völkerrechtlichen oder dringenden humanitären Gründen wie auch zur Wahrung der Interessen der Bundesrepublik Deutschland die Einreise oder der Aufenthalt erlaubt werden soll. Bei ausländischen Staatsangehörigen, die sich bereits rechtmäßig in der Bundesrepublik aufhalten, müssen dringende humanitäre Gründe (z.B. Bürgerkrieg im Heimatland) für eine Aufenthaltsgewährung sprechen und die Erteilung einer anderen Aufenthaltsgenehmigung ausgeschlossen sein; es wird daher zunächst geprüft, ob eine andere Art der Aufenthaltsgenehmigung erteilt werden kann. Ist dieses nicht der Fall und bedeutet dennoch das Verlassen der Bundesrepublik Deutschland eine außergewöhnliche Härte und ist daher unzumutbar, kann eine Aufenthaltsbefugnis erteilt werden. Sofern die Ausreise wegen drohender politischer Verfolgung im Heimatland nicht möglich ist, ist ein Antrag auf Anerkennung als Asylberechtigter und/oder ein Antrag auf Feststellung des Vorliegens eines Abschiebeverbots nach § 51 AuslG zu stellen. Bei ausländischen Staatsangehörigen, deren Asylantrag bereits rechtskräftig abgelehnt wurde und die zur Ausreise verpflichtet sind, denen eine Ausreise jedoch bisher nicht möglich war und deren Abschiebung tatsächlich oder rechtlich nicht möglich ist, kommt ebenfalls eine Aufenthaltsbefugnis in Betracht (De-facto-Flüchtlinge). Wer seit mindestens zwei Jahren im Besitz einer Duldung (§ 55 AuslG) ist, kann ebenfalls eine Aufenthaltsbefugnis erhalten.[45] 1996 lebten insgesamt knapp 250 000 ausländische Staatsangehörige mit Aufenthaltsbefugnis in der Bundesrepublik Deutschland.

---

44 In den Jahren 1993 bis 1995 wurden insgesamt knapp 725 000 Visumanträge für kurzzeitige Aufenthalte (Verwandtenbesuch, Geschäftsreisen u.ä.) in der Bundesrepublik Deutschland von den deutschen Auslandsvertretungen abgelehnt (1993: 200 255, 1994: 264 275, 1995: 260 000); vgl. Antwort von Staatsminister Hoyer auf eine mündliche Anfrage der Abg. Sonntag-Wolgast, Plenarprotokoll 13/115, 10307.

45 In einer „Härtefallregelung" erhielten 1997 etwa 20 000 ausländische Staatsangehörige, die ohne Bleiberecht bereits mehrere Jahre in der Bundesrepublik Deutschland gelebt haben,

Keine Art der Aufenthaltsgenehmigung ist die Asylbewerber für die Dauer des Asylverfahrens erteilte Aufenthaltsgestattung. Diese ist auf den Bezirk einer bestimmten Ausländerbehörde beschränkt und gilt für die Dauer des Asylverfahrens. Bei positiven Ausgang des Asylverfahrens werden die Aufenthaltszeiten bei der Beurteilung einer Verstetigung des Aufenthalts berücksichtigt.

Daneben existiert eine rechtliche „Zwischenkategorie“ (vgl. Böcker/ Vogel 1997), welche den Aufenthalt ausländischer Staatsangehöriger in der Bundesrepublik Deutschland regelt, die grundsätzlich zur Ausreise verpflichtet sind, auf deren Abschiebung aber vorläufig verzichtet wird (Duldung). Die Duldung (§ 55 AuslG) ist keine Form des rechtmäßigen Aufenthalts. Sie dokumentiert nur, daß eine Abschiebung zeitweise ausgesetzt ist und daß der/die Geduldete trotz bestehender Ausreisepflicht noch für einen vorübergehenden Zeitraum im Bundesgebiet verbleiben kann, bis das Abschiebehindernis entfallen ist. Eine Duldung wird für nicht länger als ein Jahr erteilt. Vor Ablauf der Duldung wird die Abschiebung grundsätzlich unter Bestimmung einer Ausreisefrist angedroht. Die Duldung ist räumlich auf das Gebiet eines Bundeslandes beschränkt. Sie erlischt automatisch mit der Ausreise aus der Bundesrepublik, auch wenn sie noch für längere Zeit gültig war. 1996 hielten sich in der Bundesrepublik Deutschland knapp 340 000 „geduldete“ ausländische Staatsangehörige auf. Die betroffenen Zugewanderten haben nur einen sehr eingeschränkten Zugang zum Arbeitsmarkt und zu sozialem Schutz. Nach Einschätzung von Böcker und Vogel (1997) handelt es sich bei der Schaffung dieser „Zwischenkategorie“ um den Ausdruck eines Konfliktes zwischen den allgemeingültigen Normen der Aufnahmegesellschaft und restriktiven zuwanderungspolitischen Zielen.

Die verschiedenen Aufenthaltstitel gewähren unterschiedliche Grade an Rechtssicherheit für die betroffenen ausländischen Zugewanderten. In diesem Zusammenhang fällt insbesondere auf, daß gegenwärtig lediglich etwa zwei Fünftel der in Deutschland lebenden ausländischen Staatsangehörigen über einen „unbefristeten“ Aufenthaltstitel verfügen (solche mit Aufenthaltsberechtigung und unbefristeter Aufenthaltserlaubnis; dazu zählen auch Asylbewerber mit positivem Verfahrensabschluß, heimatlose Ausländer und im Ausland anerkannte Flüchtlinge sowie Kontingentflüchtlinge, soweit sie -noch- nicht über einen dieser Aufenthaltstitel verfügen). Alle anderen haben einen (zunächst) befristeten Aufenthaltstitel. Dieser kann entweder langfristig in einen unbefristeten Aufenthaltstitel münden (z.B. bei Asylbewerbern nach

---

ein dauerhaftes Bleiberecht zugesprochen. Diese betraf Familien mit Kindern, die vor dem 1. Juli 1990, und Alleinstehende, die vor dem 1. Januar 1987, eingereist waren.

positivem Verfahrensabschluß, jugendlichen Ausländern unter 16 Jahren und EU-Ausländern) oder aber begrenzt bleiben (z.B. Studenten aus Drittstaaten, Zuziehende zu temporärer Arbeitsaufnahme, ausreisepflichtige Bürgerkriegsflüchtlinge, abgelehnte Asylbewerber). Mit Blick auf die Integration in die Gesellschaft ist eine möglichst umfassende Sicherheit des Aufenthaltes der zugewanderten Wohnbevölkerung, die langfristig in der Bundesrepublik Deutschland verbleiben wird, adäquat, weil erst eine dauerhafte Aufenthaltsperspektive die strukturelle und identifikatorische Integration der Zugewanderten ermöglicht. Besonders schwierig gestaltet sich die Lebenssituation von Asylbewerber im Verfahren, geduldeten sowie De-facto Flüchtlingen. Die Betroffenen wissen oft jahrelang nicht, ob sie in Deutschland verbleiben können und müssen grundsätzlich mit Abschiebung rechnen. Das Stigma der Unerwünschtheit, die Unsicherheit über ihr weiteres Schicksal sowie die begrenzten Erwerbsmöglichkeiten (siehe unten, 4.2) prägen ihre Lebenssituation. Die zukünftige Integration desjenigen Teils der Gruppe, der nach dieser Phase der Unsicherheit ein dauerhaftes Aufenthaltsrecht erwirbt (z.B. Asylbewerber nach ihrer Anerkennung), wird unter Umständen schwieriger, da eine positiven Identifikation mit der Aufnahmegesellschaft mit der Dauer einer solchen Lebenssituation abnehmen dürfte.

In Tabelle 7 ist die ausländische Wohnbevölkerung in Deutschland am 31.12.1996, differenziert nach rechtlichem Status, dargestellt. Neben den rund 40 v.H. der ausländischen Wohnbevölkerung mit sicheren Aufenthaltstiteln haben etwa weitere 35 v.H. einen länger oder kürzer befristeten Aufenthaltstitel (befristete Aufenthaltserlaubnis, Aufenthaltsbewilligung und -befugnis, von der Erfordernis einer Aufenthaltsgenehmigung befreit). Jeweils etwa 5 v.H. verfügen als Asylbewerber im Verfahren über eine Aufenthaltsgestattung oder sind geduldet. Für die verbleibende Restgröße (über 10 v.H.) ist der rechtliche Status nicht geklärt.

Tabelle 7: Ausländische Wohnbevölkerung in Deutschland am 31.12.1996, nach rechtlichem Status und Aufenthaltsgrund

Aufenthaltsberechtigung	866 769
Unbefristete Aufenthaltserlaubnis	2 041 975
Befristete Aufenthaltserlaubnis	1 578 935
Von der Erfordernis einer Aufenthaltsgenehmigung befreit[a]	579 566
Aufenthaltsbewilligung	198 882
Aufenthaltsbefugnis	249 226
Duldung	337 539
Asylbewerber mit positivem Verfahrensabschluß [b]	185 121
Heimatlose Ausländer[c] und im Ausland anerkannte Flüchtlinge[d]	17 952
Kontingentflüchtlinge [e]	52 638
Asylbewerber im Verfahren	351 083
Asylbewerber mit negativem Verfahrensabschluß	585 464

a) Kinder und Jugendliche unter 16 Jahren aus den früheren Anwerbestaaten Bosnien und Herzegowina, Bundesrepublik Jugoslawien, Kroatien, Marokko, Mazedonien, Slowenien, Türkei, Tunesien vor Inkrafttreten der Visumspflicht-Eilverordnung vom 15. Januar 1997; diesen wurde, unter bestimmten Voraussetzungen, von Amts wegen eine bis zum 30. Juni 1998 befristete Aufenthaltsgenehmigung erteilt.

b) Asylbewerber mit positivem Verfahrensausgang haben Anspruch auf eine unbefristete Aufenthaltserlaubnis und sind daher auch in Zeile 2 mitgezählt, soweit sie nicht sogar Inhaber einer Aufenthaltsberechtigung (Zeile 1) sind.

c) heimatlose Ausländer bedürfen nach § 12 HAG keiner Aufenthaltsgenehmigung,sondern sind kraft Gesetzes zum Aufenthalt in Deutschland berechtigt.

d) im Ausland anerkannte Flüchtlinge sind Asylberechtigten gleichgestellt und sind daher auch in Zeile 1 oder 2 mitgezählt.

e) Kontingentflüchtlingen wird ebenfalls eine unbefristete Aufenthaltserlaubnis (Zeile 2) erteilt, sie sind daher auch in Zeile 2 enthalten, soweit sie nicht sogar Inhaber einer Aufenthaltsberechtigung (Zeile 1) sind.

Quelle: BVA-Ausländerzentralregister (AZR), 1997, 14; eigene Zusammenstellung.

4.2 Zugang zum Arbeitsmarkt

Der Zugang zum Arbeitsmarkt für ausländische Staatsangehörige im Bundesgebiet ist im Dritten Buch Sozialgesetzbuch -Unterabschnitt Ausländerbeschäftigung- in den §§ 284 bis 288 SGB III geregelt. Ähnlich wie im Ausländergesetz ist die Arbeitsgenehmigung der Oberbegriff für die beiden Formen der Genehmigung - nämlich die Arbeitserlaubnis und die Arbeitsberechtigung.

Die grundsätzliche Genehmigungspflicht der Beschäftigung von Ausländern wird durch die Regelungen zur Arbeitserlaubnis (§ 285 SGB III) und zur Arbeitsberechtigung (§ 286 SGB III) konkretisiert. Genehmigungsfreien Arbeitsmarktzugang haben ausländische Staatsangehörige, die EU-EWR-Staatsangehörige sind oder die einen verfestigten Aufenthaltsstatus -nämlich mindestens eine unbefristete Aufenthaltserlaubnis oder eine Aufenthaltsberechtigung- besitzen. Keine Arbeitsgenehmigung bedürfen ferner nach § 9 Arbeitserlaubnisverordnung u.a. bestimmte Berufsgruppen, z. B. leitende Angestellte mit Generalvollmacht oder Prokura, Geschäftsführer, Flugzeug- und Schiffspersonal, Lehrpersonal und wissenschaftliche Mitarbeiter an Hochschulen sowie Studenten und Schüler für ein Praktikum bis zu einem halben Jahr bei Vermittlung über eine studentische Austauschorganisation, ferner Studenten und Schüler ausländischer Hochschulen und Fachschulen für eine von der Zentralstelle für Arbeitsvermittlung in Frankfurt/M. vermittelte Ferienbeschäftigung, sofern die Beschäftigung insgesamt drei Monate im Jahr nicht übersteigt.[46]

Die Ausführungen zur Arbeitserlaubnis in § 285 Abs. 3 des Dritten Buches Sozialgesetzbuch (SGB III) regeln den Anwerbestopp, daß heißt ein grundsätzliches Beschäftigungsverbot für neueinreisende ausländische Staatsangehörige aus Nicht-EU/EWR-Länder (Drittstaatsangehörige), der seit 1973 unverändert fort gilt. Der Anwerbestopp gilt nicht für Angehörige der Staaten Andorra, Australien, Israel, Japan, Kanada, Malta, Monaco, Neuseeland, San Marino, Schweiz, USA und Zypern. Die Anwerbestopp-Ausnahmeverordnung läßt u.a. folgende weitere Ausnahmen zur vorübergehenden Beschäftigung von Drittstaatsangehörigen in Deutschland mit einer Arbeitserlaubnis zu:

---

46 Diese Aufzählung ist unvollständig: vgl. auch § 9 Nr. 1 bis 16 AEVO, in der sämtliche arbeitserlaubnisfreien Beschäftigungen aufgezählt sind.

- Tätigkeiten zur Aus- und Weiterbildung an deutschen Hochschulen oder wissenschaftlichen Einrichtungen,
- Regierungspraktikanten mit Stipendium,
- Auszubildenden, sofern ein entwicklungspolitisches Interesse besteht,
- Beschäftigten deutscher Unternehmen im Ausland zur Einarbeitung,
- Beschäftigten zur beruflichen Qualifikation im Rahmen von Exportlieferungs- oder Lizenzverträgen,
- Au-pair-Beschäftigten,
- Gastarbeitnehmern zur beruflichen oder sprachlichen Fortbildung aufgrund zwischenstaatlicher Vereinbarungen,
- ausländische Absolventen deutscher (Fach-) Hochschulen im erlernten Beruf (bis zu zwei Jahren),
- Werkvertragsarbeitnehmern, sofern eine vertragliche Vereinbarung mit dem jeweiligen Heimatland besteht,
- besondere Berufsgruppen (z.B. Schaustellergehilfen, Monteure von Fertighäusern, Spezialitätenköche, Wissenschaftler in Forschung und Lehre etc.) für eine vorübergehende Beschäftigung.

Die Erteilung der *Arbeitserlaubnis*[47] setzt immer eine Arbeitsmarktprüfung voraus. Die Arbeitserlaubnis kann nur erteilt werden, wenn sich durch die Beschäftigung ausländischer Staatsangehöriger keine „nachteiligen" Auswirkungen auf den Arbeitsmarkt ergeben (d.h., daß für die jeweilige Beschäftigung Deutsche oder ausländische Staatsangehörige, die hinsichtlich der Arbeitsaufnahme diesen rechtlich gleichgestellt sind, nicht zur Verfügung stehen und die ausländischen Staatsangehörigen nicht zu ungünstigeren Arbeitsbedingungen als ein vergleichbarer deutscher Arbeitnehmer beschäftigt werden, vgl. § 285 Abs. 1 Nr. 1 bis 3 SGB III). Sie wird „nach Lage und Entwicklung des Arbeitsmarktes" unter Berücksichtigung des einzelnen Falles, aber auch genereller Elemente, wie der Beschäftigungsstruktur in bestimmten Wirtschaftsgruppen oder regionaler Gesichtspunkten, erteilt. Die Wiedereingliederung „bevorrechtigter" Arbeitsloser hat Vorrang. Der Antrag auf Erteilung einer Arbeitserlaubnis eines ausländischen Staatsangehörigen ist sogar dann erfolglos, wenn der Betreffende selbst einen freien Arbeitsplatz gefunden hat, da das Arbeitsamt zunächst einen „Bevorrechtigten" an diesen freien Arbeitsplatz zu vermitteln versucht. Übrig bleiben somit für die Arbeitserlaubnis oft nur Arbeitsplätze, die unter den „Bevorrechtigten" nicht mehr zu vermitteln sind oder sogenannte „Arbeitsmarktnischen" (wie z.B.

---

47 Die Pflicht, eine Arbeitserlaubnis einzuholen, besteht für jede abhängige Beschäftigung, also auch für Praktikanten, Auszubildende und Heimarbeiter. Nimmt ein ausländischer Staatsangehöriger eine Arbeit ohne Arbeitserlaubnis auf, so macht er sich strafbar, ebenso der Arbeitgeber.

kurzzeitige Reinigungsarbeiten unter 18 Wochenstunden, Jobs im Bau- und Gastronomiegewerbe u.ä.)

Die Arbeitserlaubnis wird grundsätzlich nur für eine bestimmte berufliche Tätigkeit in einem bestimmten Betrieb befristet erteilt. Bei erstmaliger Beschäftigung kann für bestimmte Personengruppen der Arbeitsmarktzugang von einer Wartezeit abhängig gemacht werden, die 5 Jahre nicht überschreiten darf (§ 285 Abs. 4 SGB III).[48] Wartezeiten werden insbesondere gegenüber Familiennachzüglern zu Ausländerinnen und Ausländern, die sich rechtmäßig, aber (noch) nicht dauerhaft, in der Bundesrepublik Deutschland aufhalten, geltend gemacht. Die Wartezeit für Ehegatten und Kinder, die nachziehen, beträgt 4 Jahre. Neu eingereisten Asylbewerbern im Anerkennungsverfahren und geduldeten Ausländern, die nach dem 14. Mai 1997 eingereist sind, wird mit Verweis auf die schwierige Arbeitsmarktlage generell keine Arbeitserlaubnis erteilt.

Die *Arbeitsberechtigung* wird unabhängig von der Arbeitsmarktlage erteilt. Sie ist für ausländische Staatsangehörige vorgesehen, die sich dauerhaft oder langfristig in Deutschland aufhalten. Dazu gehören Ausländer, die sich seit 6 Jahren im Bundesgebiet ununterbrochen aufgehalten oder 5 Jahre lang (rechtmäßig) eine versicherungspflichtige Beschäftigung ausgeübt haben und die im Besitz einer Aufenthaltserlaubnis oder -befugnis sind. Die Arbeitsberechtigung wird ohne zeitliche, betriebliche, berufliche oder regionale Beschränkung erteilt.

Bei türkischen Staatsangehörigen enthält die Regelung des Assoziationsratsbeschlusses 1/80 EWG/Türkei für Arbeitnehmer günstigere Regelungen zur Erlangung einer Arbeitsberechtigung sowie für die Familienangehörigen (nachziehende Ehegatten und Kinder) eine kürzere Wartezeit (3 Jahre) beim Zugang zum Arbeitsmarkt.

Zusammenfassende Bewertung: Der Zugang zum Arbeitsmarkt und damit zur eigenständigen Existenzsicherung stellt eine *zentrale Integrationsbedingung* dar, gerade auch mit Blick auf die Akzeptanz von Zugewanderten durch die bereits ansässige Bevölkerung. Diesbezügliche rechtliche Voraussetzungen sollten daher einerseits transparent gestaltet sein, andererseits ist - aus integrationspolitischer Sicht- ein weitgehend ungehinderter Zugang zum Arbeitsmarkt im Sinne der Arbeitsberechtigung für alle Migranten wünschenswert. Mit dem bestehenden generellen Beschäftigungsverbot von neu zugewanderten Drittstaatsangehörigen ist intendiert, den Zugang zum Ar-

48 Mit der 11. Verordnung zur Änderung der Arbeitserlaubnisverordnung vom 30. September 1994 ist die Wartezeit zwischen Einreise und der Erteilung einer Arbeitserlaubnis, die bis dahin in der Regel ein Jahr betragen hat, teilweise deutlich verlängert worden.

beitsmarkt zunächst für Deutsche, EU-Staatler und gleichgestellte Drittstaatler (Inhaber einer Aufenthaltsberechtigung und in Deutschland geborene Ausländer mit unbefristeter Aufenthaltserlaubnis) zu ermöglichen. Diese Spaltung der Gruppe der Zugewanderten ist für die nicht „Bevorrechtigten" ein schwerwiegendes Integrationshindernis.

4.3 Erwerb der deutschen Staatsangehörigkeit

Das deutsche Staatsangehörigkeitsrecht kennt neben dem Erwerb durch Geburt (für Kinder) auch den Erwerbsgrund der Einbürgerung. Der Erwerb durch Geburt tritt nach § 4 des Reichs- und Staatsangehörigkeitsgesetzes (RuStAG) vom 22.07.1913, zuletzt geändert durch Gesetz vom 16. Dezember 1997 (BGBl. I S. 2942), nach bisher geltenden Recht ein, wenn ein Elternteil des Kindes die deutsche Staatsangehörigkeit besitzt (Abstammungsprinzip). Geplant ist nun, Kindern ausländischer Staatsangehöriger, die in Deutschland geboren werden, die deutsche Staatsangehörigkeit (möglicher Weise befristet bis zum 23. Lebensjahr) auch zusätzlich zu der Staatsangehörigkeit ihrer Eltern mit Geburt zu verleihen.[49]

Neben dem Erwerb durch *Geburt* und der *Einbürgerung* gibt es den Erwerb:

- durch Erklärung (§ 5 RuStAG in der seit dem 1. Juli 1998 geltenden Fassung): Ist bei der Geburt des Kindes nur der Vater deutscher Staatsangehöriger und ist zur Begründung der Abstammung nach den deutschen Gesetzen die Anerkennung oder Feststellung der Vaterschaft erforderlich, erwirbt das vor dem 01. Juli 1993 geborene Kind eines deutschen Vaters und einer ausländischen Mutter (zusätzlich zur Staatsangehörigkeit der Mutter) die deutsche Staatsangehörigkeit durch die Erklärung, deutscher Staatsangehöriger werden zu wollen, wenn
  1. eine nach den deutschen Gesetzen wirksame Anerkennung oder Feststellung der Vaterschaft erfolgt ist,
  2. das Kind seit drei Jahren rechtmäßig seinen gewöhnlichen Aufenthalt im Bundesgebiet hat und
  3. die Erklärung vor Vollendung des 23. Lebensjahres abgegeben wird;
- durch Annahme als Kind (Adoption, § 6 RuStAG), sofern das Kind zum Zeitpunkt des Annahmeantrags das 18. Lebensjahr noch nicht vollendet hat.

49 Der Gesetzentwurf ist derzeit im Gesetzgebungsverfahren und wird voraussichtlich zum 1.1.2000 rechtskräftig.

Ausländische Staatsangehörige können die deutsche Staatsangehörigkeit im übrigen nur durch Einbürgerung erwerben. Während in den Fällen der §§ 3 bis 6 RuStAG die Tatbestände für den Erwerb der Staatsangehörigkeit aufgezählt werden, bedarf eine Einbürgerung nach den §§ 8 und 9 RuStAG einer ausdrücklichen Behördenentscheidung.

§ 8 RuStAG ist die Grundnorm für die Einbürgerung, sie regelt die sogenannte *Ermessenseinbürgerung*. Die Einbürgerung kann nach Ermessen erfolgen, wenn nachfolgend aufgezählte Voraussetzungen erfüllt sind:

- Eingebürgert werden können ausländische Staatsangehörige und Staatenlose, wenn sie sich im Inland niedergelassen haben, der Aufenthalt dauerhaft und eine Einordnung in die deutschen Lebensverhältnisse gewährleistet ist. Nach den Einbürgerungsrichtlinien ist dazu bisher ein Aufenthalt von mindestens 10 Jahren erforderlich. Diese Frist soll im Zuge des neuen Staatsangehörigkeitsrechts verkürzt werden. Bei Ehegatten Deutscher (§ 9 RuStAG) ist ein Aufenthalt von 5 Jahren, davon 2 Jahre nach Eheschließung, ausreichend. „Statusdeutsche" nach Art. 116 Abs. 1, 2 GG werden nach Maßgabe von § 6 Staatsangehörigkeitsregelungsgesetz (StARegG) eingebürgert.
- Der Bewerber muß uneingeschränkt geschäftsfähig sein, bei Minderjährigen muß der gesetzliche Vertreter den Antrag stellen.
- Es darf kein Ausweisungsgrund (nach § 46 Nr. 1 bis Nr. 4, § 47 Abs. 1 oder 2 des Ausländergesetzes) vorliegen.
- Der Bewerber muß eine eigene Wohnung oder Unterkommen gefunden haben und sich und seine Angehörigen ernähren können.

Sofern die gesetzlichen Voraussetzungen des § 8 RuStAG erfüllt sind, kann die Einbürgerung erfolgen, wenn sie im öffentlichen Interesse liegt. Dies ist nach den zwischen Bund und Ländern abgestimmten Einbürgerungsrichtlinien dann der Fall, wenn folgende staatsbürgerliche Voraussetzungen erfüllt sind:

- Freiwillige und dauernde Hinwendung des Bewerbers zu dem deutschen Gemeinwesen (was regelmäßig verneint wird, wenn der Bewerber sich in einer politischen Emigrantenorganisation betätigt).
- Die Beherrschung der deutschen Sprache in Wort und Schrift ist erforderlich, wobei die soziale Herkunft der Betroffenen bei der Entscheidung berücksichtigt wird.
- Bekenntnis zur freiheitlich demokratischen Grundordnung.
- Einordnung in die deutschen Lebensverhältnisse, die im Regelfall erst nach zehnjährigem rechtmäßigen Inlandsaufenthalt als gewährleistet gilt (Asylberechtigte und Kontingentflüchtlinge sollen erleichtert eingebürgert werden, die Mindestaufenthaltszeit kann hier nur sieben Jahre betragen).

- Schließlich soll eine Einbürgerung nur erfolgen, wenn der Bewerber dadurch nicht zwei oder mehrere Staatsangehörigkeiten erhält. Das heißt, es wird von ihm vor der Einbürgerung in der Regel die Aufgabe seiner bisherigen Staatsangehörigkeit gefordert. Ausnahmen sind möglich, wenn das Recht des Heimatstaates eine Entlassung aus der bisherigen Staatsangehörigkeit überhaupt nicht vorsieht oder der Heimatstaat die Entlassung verweigert.
- Heimatlose Ausländer besitzen einen *Anspruch* auf Einbürgerung nach Maßgabe von § 21 Abs. 1 des Gesetzes über die Rechtsstellung heimatloser Ausländer im Bundesgebiet (HAG).

Außerdem muß der Bewerber zum Zeitpunkt der Verwaltungsentscheidung im Besitz einer Aufenthaltsgenehmigung sein, die seinen dauernden rechtmäßigen Aufenthalt im Bundesgebiet ermöglicht, weil andernfalls mit der Einbürgerung das Ausländerrecht unterlaufen würde.

Nach § 9 RuStAG haben Ehegatten deutscher Staatsangehöriger einen *Regelanspruch auf Einbürgerung.* Hierfür ist neben den genannten Einbürgerungsvoraussetzungen des § 8 RuStAG eine bestehende und gemeinsam gelebte Ehe sowie die Aufgabe der bisherigen Staatsangehörigkeit Voraussetzung. Für die Einbürgerung von Ehegatten Deutscher ist grundsätzlich ein Inlandsaufenthalt von fünf Jahren, davon zwei Jahre nach Eheschließung, ausreichend.

Mittlerweile erfolgt eine Einbürgerung in drei Viertel der Fälle nicht nach dem RuStAG, sondern nach dem Ausländergesetz (AuslG). Mit diesen Regelungen wird der in den 60er und 70er Jahren entstandenen Zuwanderungsrealität Rechnung getragen. Die Einbürgerungsbedingungen nach dem AuslG sind erleichtert worden. So besteht seit 1990 eine „Regel"-Einbürgerung unter bestimmten Voraussetzungen, die 1993 zu einem *Anspruch auf Einbürgerung* erweitert wurde, Sprachkenntnisse werden nicht mehr überprüft, die Kosten des Einbürgerungsverfahrens wurden von 500 DM auf 100 DM gesenkt.

Junge ausländische Staatsangehörige haben nach § 85 AuslG einen Anspruch auf Einbürgerung, wenn der Antrag zwischen dem 16. und 23. Lebensjahr gestellt und die bisherige Staatsangehörigkeit aufgegeben wird, der Betreffende sich seit mindestens 8 Jahren rechtmäßig in der Bundesrepublik Deutschland aufhält und es sich dabei um einen gewöhnlichen Aufenthalt handelt; außerdem ist erforderlich, daß der Einbürgerungswillige mindestens sechs Jahre die Schule in Deutschland besucht hat und keine Verurteilung wegen einer Straftat vorliegt. Er muß über eine Aufenthaltserlaubnis oder -berechtigung verfügen. Im Gesetzentwurf zur Neuregelung des Staatsangehörigkeitsrechts ist nun ein Anspruch bis zum 18. Lebensjahr vorgesehen, wenn sich die Kinder/Jugendliche 5 Jahre rechtmäßig in Deutschland aufhalten und mit einem Elternteil zusammenleben, der eine unbefristete Aufenthaltserlaubnis besitzt. Für die erleichterte Einbürgerung von jungen ausländischen Staatsangehörigen (und ebenso für solche mit langem Aufenthalt in der Bundesrepublik Deutschland, s.u.) war unter Umständen auch nach bislang geltendem Recht die Aufgabe der bisherigen Staatsangehörigkeit nicht zwingend, z.B. wenn es nach dem Recht des Heimatstaates nicht möglich ist, aus der bisherigen Staatsangehörigkeit entlassen zu werden (§ 87 Abs. 1,2 AuslG).

Ausländische Staatsangehörige, die sich seit 15 Jahren rechtmäßig in Deutschland aufhalten, haben nach § 86 Abs. 1 AuslG ebenfalls einen Anspruch auf Einbürgerung, wenn sie die bisherige Staatsangehörigkeit aufgeben und nicht wegen einer Straftat verurteilt sind. Außerdem ist der Lebensunterhalt der Einbürgerungsberechtigten und ihrer Familien ohne Inanspruchnahme von Sozialhilfe oder Arbeitslosenhilfe zu bestreiten, es sei denn, die Einbürgerungsberechtigten haben die Bedürftigkeit nicht selbst zu vertreten. Darüber hinaus muß eine Aufenthaltserlaubnis oder -berechtigung vorliegen. Im Gesetzentwurf zur Neuregelung des Staatsangehörigkeitsrechts ist nun ein Anspruch auf Einbürgerung vorgesehen, wenn die Betreffenden seit 8 Jahren rechtmäßig ihren gewöhnlichen Aufenthalt in Deutschland haben und eine Aufenthaltserlaubnis besitzen.

Ehegatten und minderjährige Kinder des Einbürgerungsberechtigten können gemäß § 86 Abs. 2 AuslG nach Maßgabe des Abs. 1 mit eingebürgert werden (Ermessenseinbürgerung), auch wenn sie sich noch nicht seit 15 Jahren rechtmäßig im Bundesgebiet aufhalten.

Für deutsche Volkszugehörige mit ausländischer Staatsangehörigkeit, die als Flüchtlinge oder Vertriebene oder als deren Ehegatten oder Abkömmlinge in dem Gebiet des Deutschen Reiches nach dem Stand 31.12.1937 Aufnahme gefunden haben, besteht nach § 6 des Gesetzes zur Regelung von Fragen der Staatsangehörigkeit ein Einbürgerungsanspruch.

Abbildung 4 zeigt die Entwicklung der Einbürgerungen seit 1981: bis Ende der 80er-Jahre waren etwa 40 000 Einbürgerungen/jährlich zu verzeichnen. Mit dem Anstieg der Anspruchseinbürgerungen von deutschen Volkszugehörigen und gleichgestellten Aussiedlern seit Ende der 80er Jahre ist ein rapides Ansteigen dieser Zahl auf etwa 200 000 im Jahr 1993 festzustellen. Die erleichterten Regelungen zur Einbürgerung ausländischer Staatsangehöriger (1993) verstärkten die Zahl der Einbürgerungen noch einmal, ihre Gesamtzahl beträgt mittlerweile etwa 300 000/jährlich, von denen der überwiegende Teil aber weiterhin Aussiedler sind.

Abbildung 4: Anspruchs- und Ermessenseinbürgerungen 1981-1995

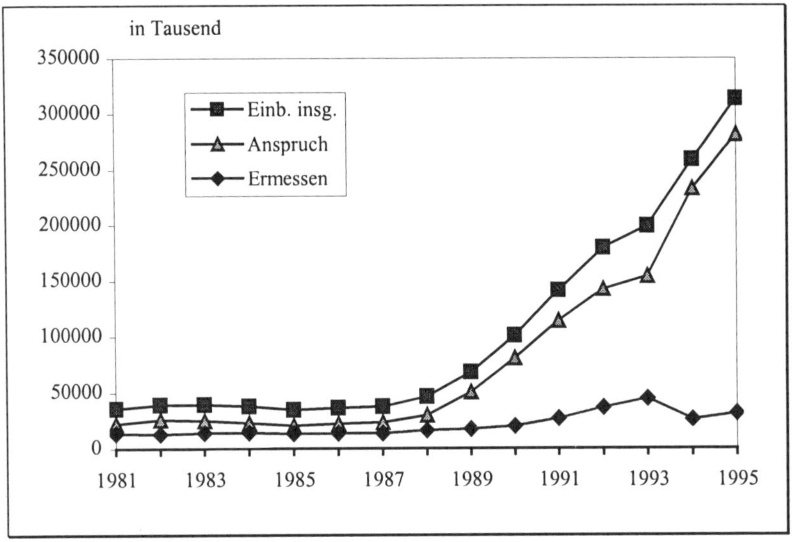

in Tausend
350000
300000
250000
200000
150000
100000
50000
0
Einb. insg.
Anspruch
Ermessen
1981 1983 1985 1987 1989 1991 1993 1995

Quelle: BMI 1997

Zusammenfassende Bewertung: Der rechtliche Status „Ausländer/in" kann für dauerhaft in der Bundesrepublik Deutschland lebende Zugewanderte ein Integrationshindernis sein (Marx 1997, 67 ff.). Im Hinblick auf ihre strukturelle und identifikatorische Integration in die deutsche Gesellschaft haben dauerhaft in der Bundesrepublik Deutschland verbleibende ausländische Staatsangehörige zwar unter bestimmten Voraussetzungen einen Anspruch auf Einbürgerung und die Mindestdauer des hierbei vorausgesetzten Aufenthaltes soll mit der Reform des Staatsangehörigkeitsrechts herabgesetzt werden, jedoch werden diese Erleichterungen aller Voraussicht nach nicht zu einem erheblichen Anstieg der Einbürgerungen führen: wenn man bedenkt, daß bislang schon schätzungsweise 60 v.H. aller in Deutschland lebenden Ausländer einen Anspruch auf Einbürgerung hatten, ein großer Teil der auf Dauer in Deutschland lebenden ausländischen Staatsangehörigen diesen aber nicht nutzten, ist Skepsis gegenüber den bislang geplanten Erleichterungen angebracht. Die vielfach geforderte vermehrte „Hinnahme" doppelter Staatsangehörigkeiten würde eine größere Anzahl der ausländischen Staatsangehörigen ermutigen, ihren Anspruch auf Einbürgerung wahrzunehmen.

4.4 Ausblick

Die oben (Kapitel 2 und 3) beschriebenen Veränderungen des Migrationsumfangs und der Migrationsarten und die daraus resultierende Bevölkerungsstruktur in der Bundesrepublik Deutschland wirkten und wirken auch auf das bestehende Rechtssystem zurück: unmittelbar im Ausländerrecht und im Asylrecht, mittelbar aber auch auf andere Rechtsbereiche (vom Zivilrecht über das Schulrecht bis hin zum Strafrecht), die in einer sich wandelnden Gesellschaft, selbst wo das Gesetzbuch unverändert bleibt, eine Bedeutungsveränderung erfahren können.[50] Auch wenn in einer Zuwanderungsgesellschaft rechtspluralistische Ansätze vermehrt anerkannt würden, bestünden weiterhin Schwierigkeiten: denn einerseits ist es sicher funktionaler, die kulturellen Identitäten der Zugewanderten in ihren vielfach abgestuften Integrationsniveaus zu berücksichtigen, andererseits ist an Grundwerten von Zugewanderten und Einheimischen festzuhalten, insbesondere dort, wo diese Werte, wie die Grund- und Menschenrechte, universellen Anspruch haben.

Der Umstand, daß nur ein geringer Teil der seit langem in Deutschland lebenden Ausländer von ihrem Anspruch auf Erwerb der deutschen Staatsangehörigkeit Gebrauch macht, hat zur Folge, daß ein beträchtlicher Teil der in Deutschland ansässigen Bevölkerung nicht an der politischen Willensbildung teilnehmen kann. Für einen großen Teil der in Deutschland lebenden ausländischen Staatsangehörigen steht die politisch-rechtliche Integration somit noch aus. Insbesondere deshalb sollte die Ablehnung der vermehrten Hinnahme doppelter Staatsangehörigkeiten bei dauerhaft in Deutschland lebenden Zugewanderten überdacht werden.[51]

Die beschriebene Situation hat auch Folgen für die statistischen Angaben über die Bevölkerungszusammensetzung: der jeweilige Anteil ausländischer

---

50 Vgl. Mayer-Maly 1996, 681/682. Zitat: "Für das Rechtsleben wirft dieses Nebeneinander (von Personen verschiedener kultureller Traditionen) wichtige und schwierige Fragen auf". Er verweist in diesem Zusammenhang auf Taylor (1993), der in "Multikulturalismus und die Politik der Anerkennung" den engen Zusammenhang von (kultureller) Identität und Anerkennung (von Naturrechtskonzepten) unterstrichen hat. Eine Gesellschaft könne trotz ausgeprägter kollektiver Zielsetzungen (z.B. Wahrung der Menschenrechte) dennoch kulturelle Vielfalt respektieren. Ebd. S. 7 und 53; siehe auch unten, Kapitel 7.

51 Das Bundesverfassungsgericht hat in seinem Urteil über das Kommunalwahlrecht für Ausländer (BVerfGE 83, 52) ausgeführt, daß „das Staatsangehörigkeitsrecht der Ort ist, an dem der Gesetzgeber Veränderungen in der Zusammensetzung der Einwohnerschaft der Bundesrepublik Deutschland im Blick auf die Ausübung politischer Rechte vornehmen kann“.

Staatsangehöriger[52] spiegelt neben dem gegebenen Staatsangehörigkeitsrecht auch die bestehende Einbürgerungsbereitschaft und -praxis wider.

Schlikker (1996, 72) ist in seiner Einschätzung zuzustimmen, in der er als Grund- und Strukturproblem des Ausländergesetzes den Versuch benennt, sowohl die Frage der Zuwanderung als auch der Ausgestaltung des rechtlichen Status der ausländischen Staatsangehörigen in Deutschland primär mit ordnungsbehördlichen Mitteln zu beantworten[53]. Es sind demgegenüber aber Konzepte notwendig, die dem Stand des Einwanderungsprozesses in der Bundesrepublik Deutschland besser Rechnung tragen. Länger in Deutschland lebenden Ausländern sei ein unentziehbares Aufenthaltsrecht zu verleihen und dieser Rechtsstatus insgesamt möglichst weitgehend an den der Deutschen anzunähern. Solche Konzepte werden üblicher Weise als Niederlassungsrecht bezeichnet. Dieses sei dennoch zu ergänzen um Änderungen des Staatsangehörigkeitsrechts, welche es erlauben würden, den Kreis der Staatsangehörigen (und damit auch der Nicht-Staatsangehörigen, auf die das Ausländergesetz Anwendung findet) sachgerechter zu bestimmen als bisher.

52 Der Anteil ausländischer Staatsangehöriger wird zudem in der amtlichen Meldestatistik in den meisten Jahren überschätzt. Ein Vergleich des Volkszählungsergebnis von 1987 mit der Bevölkerungsfortschreibung des Ausländerzentralregisters ergab, daß dort etwa 400 000 ausländische Staatsangehörige zu viel ausgewiesen waren. Dieses resultierte vor allem aus nicht erfolgten Abmeldungen von Rückwanderern. Andererseits werden auch Personen ausgewiesen, die sich nur vorübergehend in Deutschland aufhalten (Werkvertragsarbeitnehmer, Asylsuchende trotz hoher Ablehnungsquote).

53 Vgl. Schlikker 1995, 72 ff.

5 Soziale Situation: Aspekte der Lebenslagen im Integrationsprozeß

5.1 Sozioökonomische Rahmenbedingungen

Die allgemeine sozioökonomische Entwicklung spielt eine entscheidende Rolle für die Integration von Zugewanderten. Insbesondere der Entwicklung auf dem Arbeitsmarkt kommt eine zentrale Bedeutung zu, da strukturelle Integration in einer Erwerbsarbeitsgesellschaft die Integration in den Arbeitsmarkt voraussetzt. Darüber hinaus ist in Zeiten wirtschaftlicher Krise und hoher Arbeitslosigkeit die Anfälligkeit der bereits ansässigen Bevölkerung für Fremdenfeindlichkeit besonders hoch. Schließlich würde eine unzureichende Arbeitsmarktintegration zu einer „Unterschichtung" der Bevölkerung mit verarmten Zugewanderten führen und in Folge wäre eine allgemeine Desintegration der Gesellschaft zu befürchten.

In diesem Blickwinkel ist die bisherige Zuwanderungsgeschichte der Bundesrepublik Deutschland von unterschiedlich „günstigen" Phasen der sozioökonomischen Entwicklung als Rahmenbedingung der Integration geprägt. In der unmittelbaren Nachkriegszeit bis etwa Mitte der fünfziger Jahre standen die Erlebnisse von Krieg und Not, Zerstörung und Vertreibung sowie ein nivelliertes sozioökonomisches Ausgangsniveau im Mittelpunkt der kollektiven Erfahrung. Die Integration von Millionen Flüchtlingen und von Übersiedlern aus der ehemaligen DDR wurde als gesamtgesellschaftliche Aufgabe angesehen und im Boom des „Wiederaufbaus" bewältigt. Die beginnende Gastarbeiterzuwanderung -unter den Vorzeichen von prosperierender Ökonomie und akutem Arbeitskräftemangel- zielte nicht auf dauerhafte Niederlassung der Zugewanderten ab. Entsprechend gering wurden die mit den Zuzügen verbundenen Integrationsleistungen eingeschätzt. Erst seit sich mit Beginn der 70er-Jahre in Folge des Anwerbestopps abzeichnete, daß ein großer Teil der angeworbenen Arbeitskräfte längerfristig in der Bundesrepublik verbleiben wird und der Nachzug von Familienangehörigen (Frauen, Kinder) verstärkt einsetzte, änderte sich die Sichtweise. Es wurde nun, trotz stagnierenden Wirtschaftswachstums und anhaltender Arbeitslosigkeit, mit Maßnahmen der Integrationsförderung begonnen. Nach Zunahme der Flüchtlingszuzüge und bei weiterhin angespannter Arbeitsmarktlage in den 80er-Jahren wurde in der Bundesrepublik versucht, die Zuzugsmöglichkeiten zu begrenzen und die Remigration zu fördern. Die Integration der in Deutschland ansässig gewordenen Zugewanderten erfolgte aber weiterhin.

Die Umstrukturierungen im Zusammenhang mit der Auflösung der Sowjetunion und der osteuropäischen Wirtschaftsgemeinschaft (RGW) sowie das Auseinanderfallen Jugoslawiens und die davon ausgelösten kriegerischen Auseinandersetzungen verstärkten die schon eingesetzten Zuzüge von Flüchtlingen und Aussiedler. So war zu Beginn der 90er-Jahre eine ungewöhnlich starke Zuwanderung -bei zunächst boomender Wirtschaft in Westdeutschland als Folge der Wiedervereinigung- zu verzeichnen. Seit Mitte der 90er Jahre passen sich die Zuwanderungsalden dem langjährigen Durchschnitt an. 1997 verzeichnet die ausländische Wohnbevölkerung erstmals seit Mitte der 80er Jahre wieder ein negatives Wanderungssaldo; die Zuwanderung von Aussiedler hat sich ebenfalls stark verringert.

Die beschriebenen Zuwanderungsphasen und die jeweiligen sozioökonomischen Rahmenbedingungen prägen die Lebensbedingungen und Perspektiven der Zugewanderten: in Zeiten starker Neuzuwanderung ist z.B. die Chance auf Wohnraum wenig günstig, die erzielbaren Einkommen sind auch abhängig von der Konkurrenz auf dem Arbeitsmarkt. Daher sind verallgemeinernde Aussagen zur sozialen Situation der Migranten im Integrationsprozeß nur sehr schwer zu treffen. Als ein relativ stabiler Trend scheint sich allerdings eine zunehmende soziale Differenzierung innerhalb der zugewanderten Bevölkerung zu erweisen.

In diesem Kapitel wird der Stand des Integrationsprozeß in Deutschland am Beispiel einiger, nach Meinung des Verfassers zentraler, Indikatoren beschrieben: das sind zum einen Beschäftigungsgrad und erzielte Einkommen, aber auch (Aus-) Bildung und Wohnsituation.[54]

5.2 Beschäftigung

5.2.1 Sozialversicherungspflichtig Beschäftigte

Die Anzahl der sozialversicherungspflichtig beschäftigten Ausländer hatte in Westdeutschland[55] zu Beginn der 70er-Jahre einen Höhepunkt erreicht. Von

54 Vgl. zu den angeführten Indikatoren der sozio-ökonomischen Integration Frick/Wagner 1996, wo ergänzend auch Indikatoren der subjektiven Lebenszufriedenheit behandelt sind. Zu den methodischen Grundlagen vgl. ebd., 2-4.

55 In den neuen Ländern waren 1996 nur etwa 42 000 ausländische Staatsangehörige sozialversicherungspflichtig beschäftigt (rund 0,8 v.H.).Daher wird im Weiteren die Situation in Westdeutschland in den Mittelpunkt gestellt.

1974 bis 1975 (erste Ölkrise) fiel ihre Anzahl dramatisch: von rund 2,3 Mio. (Juni 1974) um fast 300 000 innerhalb eines Jahres auf rund 2 Mio. (Juni 1975).[56] Danach sank ihre Anzahl weiter, auf knapp 1,87 Mio. im Juni 1978, erholte sich bis 1980 rasch, auf wieder über 2 Mio. Anfang der 80er-Jahre fiel die Zahl der sozialversicherungspflichtig beschäftigten ausländischen Staatsangehörigen erneut bis zum Juni 1985 auf den seit der Anwerbung niedrigsten Stand (rund 1,58 Mio.) Sie stieg in Westdeutschland bis 1989 wieder langsam, dann, in Folge des Booms der Wiedervereinigung, bis 1993 stark an, auf eine Gesamtzahl von knapp 2,2 Mio. Bis Juni 1996 stabilisierte sich ihre Anzahl bei etwa 2,1 Mio.

Es zeigt sich deutlich, daß die wirtschaftlichen Krisen und Umstrukturierungen seit den 70er-Jahren zu Lasten der ausländischen Beschäftigten ging. Dieses ist in ihrer spezifischen Qualifikationsstruktur begründet und vor allem auch in der Tatsache, daß sie zum großen Teil in Wirtschafts- und Arbeitsbereichen tätig sind, die besonders von Umstrukturierungen und Rationalisierungen betroffen waren.

Der Anteil der Ausländerinnen beläuft sich insgesamt auf etwa ein Drittel aller sozialversicherungspflichtig beschäftigten ausländischen Staatsangehörigen. Er schwankt zwischen den einzelnen Nationalitäten erheblich: zwischen etwa 28 v.H. bei Zugewanderten aus Italien bis zu 38 v.H. bei griechischen Zugewanderten.

Der Anteil der ausländischen Staatsangehörigen an allen sozialversicherungspflichtig Beschäftigten beläuft sich 1996 insgesamt auf rund 9,3 v.H., bei Männern auf knapp 11 v.H., bei Frauen liegt er bei knapp 7,5 v.H. Aus EU-Staaten stammten 1996 etwa ein Drittel aller sozialversicherungspflichtig beschäftigten ausländischen Staatsangehörigen, aus der Türkei etwa 28 v.H., aus dem Gebiet des früheren Jugoslawien knapp 20 v.H.

5.2.2 Beschäftigung nach Wirtschaftsbereichen

Nach Wirtschaftsbereichen differenziert zeigt sich eine überdurchschnittliche Repräsentanz von ausländischen Staatsangehörigen in der Land-, Forstwirtschaft und Fischerei (13,6 v.H.), im Bergbau (13,1 v.H.), im verarbeitenden Gewerbe (11,4 v.H.), im Baugewerbe (12,8 v.H.) sowie auch bei Dienstleistungen (10,3 v.H.). Innerhalb des verarbeitenden Gewerbes liegen stark überdurchschnittliche Anteile bei den Gießereien (23, 1 v.H.) sowie generell in der Eisen- und Stahlerzeugung sowie in der Textilverarbeitung (17,2 v.H.).

---

56 Zahlen nach Bundesanstalt für Arbeit 1998, 74 ff.

Bei den Dienstleistungen überwiegen Beschäftigungen in Gaststätten und Beherbergung (30,9 v.H.) sowie in der Reinigung und Körperpflege (24,4 v.H.). Stark unterrepräsentiert sind ausländische Staatsangehörige mit 2,2 v.H. in der Energiewirtschaft sowie bei Kreditinstituten und im Versicherungswesen; mit 3,5 v.H. in der Rechts- und Wirtschaftsberatung und ebenfalls 3,5 v.H. bei Gebietskörperschaften und Sozialversicherungen.

5.2.3 Beschäftigung nach Stellung im Beruf, Selbständigkeit

Die Beschäftigung nach Stellung im Beruf zeigt eine deutliche Überrepräsentanz bei Arbeiterinnen und Arbeitern: im Jahr 1995 waren noch etwa zwei Drittel aller ausländischen Erwerbstätigen als Arbeiter beschäftigt und nur rund 26 v.H. als Angestellte.

Anfang der siebziger Jahre dürfte die Zahl der einer selbständigen Erwerbsarbeit nachgehenden Ausländer 50.000 (ohne mithelfende Familienangehörige) nicht überschritten haben. Durch Anwerbestopp und restriktivere Handhabung bei der Vergabe von Arbeitserlaubnissen bedingt, sank die Zahl der sozialversicherungspflichtig beschäftigten Ausländer von Anfang der 70er Jahre bis Mitte der 80er Jahre, wohingegen sich die Zahl der ausländischen Selbständigen in diesem Zeitraum auf etwa 100 000 verdoppelte und bis 1995 sogar auf etwa 239 000 anstieg.[57] Die Selbständigenquote hat sich mittlerweile an diejenige Deutscher (10 v.H.) angenähert.

Ausländische Selbständige schaffen nicht nur für sich selbst Beschäftigung, sie schaffen auch Arbeitsplätze für ihre Familienangehörigen und andere Personen. In den Betrieben besteht ein bislang allerdings wenig genutztes Ausbildungsplatzpotential, vor allem auch für ausländische Jugendliche. Fehlende Ausbildungsberechtigung, geringe Branchenkenntnisse, wenig Erfahrungen mit der in Deutschland üblichen Produktionstechnik sowie Hemmungen der deutschen Kundschaft, Ausländern umfangreiche Aufträge zu erteilen, sind einige der Probleme, denen sich ausländische Selbständige gegenübersehen.

---

57 Damit verdreifachte sich die Selbständigenquote der ausländischen Staatsangehörigen (von 3 v.H. auf 9 v.H.). Der Anteil der ausländischen Selbständigen an der Zahl der Selbständigen insgesamt stieg von 2 v.H. auf 8 v.H.

5.2.4 Arbeitslosigkeit

Die Arbeitslosenquote ausländischer Staatsangehöriger war im Vergleich zu der deutscher Staatsangehöriger seit 1980 stets höher: derzeit hat sie einen Höchststand erreicht und beläuft sich auf rund 18 v.H. (1996). Sie differiert zwischen einzelnen Nationalitäten erheblich: so beläuft sie sich bei Staatsangehörigen aus dem ehemaligen Jugoslawien auf lediglich knapp 10 v.H., bei Spaniern auf rund 11,5 v.H., bei Portugiesen auf rund 13 v.H.; bei türkischen Staatsangehörigen beläuft sie sich auf rund 22 v.H., bei Italienern und Griechen auf etwa 18 v.H.

Mit Daten des SOEP kann auch die Arbeitslosigkeit verschiedener Zuwanderergruppen differenziert betrachtet werden: danach wiesen 1994/1995 Zugewanderte aus den ehemaligen Anwerbeländern in Westdeutschland einen „individuellen Arbeitslosigkeitsindex"-Wert[58] von rund 15 v.H. auf, Aussiedler von knapp 20 v.H., Asylsuchende und Flüchtlinge von 30 v.H. Im Vergleich dazu lag die Arbeitslosigkeit der Ost-West-Übersiedler bei rund 13 v.H. und aller sonstigen Zugewanderten bei etwa 10 v.H. In der ansässigen Bestandsbevölkerung lag die Arbeitslosigkeit deutscher Staatsangehöriger bei etwa 7,5 v.H., bei ausländischen Staatsangehörigen beträgt sie rund 13,6 v.H.

Gegenüber Deutschen ist die Arbeitslosigkeit insbesondere von jüngeren ausländischen Erwerbstätigen überproportional hoch, bei älteren Erwerbstätigen dagegen etwa nur halb so hoch. Die höhere Arbeitslosigkeit gerade der jüngeren ausländischen Staatsangehörigen ist wesentlich in ihren schlechteren Bildungs- und Ausbildungschancen begründet.

5.3 Bildung und Ausbildung

Bildung und Ausbildung gehören zu den bedeutendsten Integrationsbedingungen für heranwachsende Kinder und Jugendlichen aus Migrantenfamilien. Die Teilnahme an schulischer und beruflicher Bildung ermöglicht ihnen erst Zugehörigkeitsgefühle gegenüber der bundesrepublikanischen Gesell-

58 Der individuelle Arbeitslosigkeitsindex mißt den Anteil der Monate mit gemeldeter Arbeitslosigkeit an allen potentiellen Erwerbsmonaten im Untersuchungszeitraum;vgl. hierzu Frick/Wagner 1996, 15 und Tabelle 4.

schaft (identifikatorische Integration) und sie bildet die Voraussetzung für das Zusammenleben von ausländischen und deutschen Kindern und Jugendlichen (soziale Integration). Die zu erwerbenden Qualifikationen bilden die Voraussetzung für eine erfolgreiche Teilnahme am Erwerbs- und Berufsleben (strukturelle Integration). Kenntnisse der deutschen Sprache werden von neu zugewanderten Kindern und Jugendlichen primär im Bildungs- und Ausbildungssektor erworben.

5.3.1 Schulische Bildung

5.3.1.1 Zusammensetzung der Schülerschaft

Die Zusammensetzung der Schülerschaft an deutschen Schulen ist in den vergangenen Jahren zunehmend international geworden. In Städten wie Frankfurt a.M. liegt der durchschnittliche Anteil von Schülern, deren Eltern ausländischer Herkunft sind, bei 35-40 v.H. Insgesamt steigt seit Mitte der 60er Jahre die Anzahl und der Anteil ausländischer Staatsangehöriger[59] an allen Schülern und Schülerinnen stetig an, von rund 50 000 (etwa 0,5 v.H.) zur Mitte der 60er Jahre auf rund 1,1 Mio. (etwa 10 v.H.) im Jahr 1996 (vgl. BMBWFT 1997a, 80/81). Seit Beginn der 80er-Jahre ist der Anteil ausländischer Staatsangehöriger an allen Schülerinnen und Schülern höher als der entsprechende Anteil ausländischer Staatsangehöriger an der Wohnbevölkerung insgesamt, was aus der sich verändernden Altersstruktur der ausländischen Wohnbevölkerung (mehr Kinder und Jugendliche als Folge der verstärkten Wanderungen zur Familienzusammenführung bzw. der Familiengründung in Deutschland) resultiert.

5.3.1.2 Kinder aus Migrantenfamilien an allgemeinbildenden Schulen

Bei den allgemeinbildenden Schulen weisen Abendschulen und Kollegs (im Jahr 1996 17,2 v.H. bei einem Gesamtanteil von rund 9 v.H.) und Sonder-

59 Das in der amtlichen Statistik zur Verfügung stehende Kriterium „ausländische Staatsangehörigkeit“ ist als Indikator eines möglichen Integrationsbedarfs ungeeignet. Zum einen sind damit nicht alle aus dem Ausland zugewanderten Kinder und Jugendliche erfaßt: Kinder von eingebürgerten Zugewanderten sowie Mehrstaatlern mit deutscher Staatsangehörigkeit fehlen ebenso wie Kinder von Aussiedlern, bei denen ebenfalls oft Integrationsbedarf (z.B. mangelnde Deutschkenntnisse) feststellbar ist; zum andern haben hier geborene und aufgewachsene Kinder oft weiterhin eine ausländische Staatsangehörigkeit, obwohl ihre Voraussetzungen zum Schulerfolg ohne besondere Förderung vergleichsweise günstig sind.

schulen (über 14 v.H.) einen besonders hohen Anteil von Schülern mit ausländischer Staatsangehörigkeit auf; an Gesamtschulen (11,8 v.H.) sowie Grund- und Hauptschulen (11,3 v.H.) sind sie knapp überrepräsentiert, an Realschulen (6,5 v.H.) und Gymnasien (4 v.H.) dagegen stark unterrepräsentiert (vgl. BMBWFT 1997a, DIW 1998, 417 ff.).

Diese Ungleichverteilung besteht tendenziell schon seit Beginn der 80er-Jahre. Auffallend erhöht hat sich in den 90er-Jahren ihr Anteil an Sonderschulen, wo der bereits bestehende überproportionale Anteil noch verstärkt wurde. Ihr Anteil an Realschulen und Gymnasien hat sich -nach einem zwischenzeitlichen Anstieg in den 80er Jahren- wieder verringert. An Gesamtschulen ist der Anteil von Kindern und Jugendlichen mit ausländischer Staatsangehörigkeit schon seit 1980 überdurchschnittlich. Schulkarrieren von Kindern und Jugendlichen mit ausländischer Staatsangehörigkeit entwickeln sich seit einigen Jahren also in zwei Richtungen: einerseits besuchen mehr von ihnen höhere Schulen, andererseits verbleiben überdurchschnittlich viele auf Haupt- und Sonderschulen. Das Gesamtbild der Schülerschaft mit ausländischer Staatsangehörigkeit läßt somit auf der einen Seite bei einem großen Teil nach wie vor Defizite im Vergleich zu deutschen Schülerinnen und Schülern erkennen, aber andererseits auch verbesserte Chancen bei einem kleineren Teil. Die soziale Differenzierung unter den Zugewanderten nimmt an allgemeinbildenden Schulen zu, allerdings ist dieser Trend in verschiedenen Gruppen der Zugewanderten unterschiedlich stark ausgeprägt (zum Schulerfolg einzelner Nationalitäten vgl. Beauftragte der Bundesregierung für Ausländerfragen 1997a, 18/19).

Mädchen ausländischer Staatsangehörigkeit sind im Hinblick auf Schulbesuch und -abschlüsse erfolgreicher als Jungen. Sie sind stärker an Realschulen und Gymnasien vertreten, und weniger Mädchen als Jungen bleiben ohne Abschluß. Die Bildungsabschlüsse der Mädchen sind aber im Vergleich zu den der Jungen mit ausländischer Staatsangehörigkeit deutlich höher, sie sind aber dennoch deutlich niedriger als bei deutschen Jugendlichen, vor allem geringer als bei deutschen Mädchen.

Die unzureichende schulische Qualifizierung eines Teils der Kinder und Jugendlichen aus Migrantenfamilien führt aus der Sicht der Arbeitsverwaltung zu einem Mangel an „Berufsreife“ bei ihnen.

5.3.1.3 Jugendliche aus Migrantenfamilien an beruflichen Schulen

Die Zahl der ausländischen Schülerinnen und Schüler an beruflichen Schulen ist in den zurückliegenden Jahren gestiegen, bis 1995 auf etwa 9,5 v.H; 1996 ist wieder ein Rückgang, auf nun 9,2 v.H., zu verzeichnen (vgl. BMBWFT

1997a, DIW 1998, 417 ff.). Ihr Anteil ist insbesondere beim Berufsvorbereitungs- und Berufsgrundbildungsjahr mit knapp 20 v.H. überproportional hoch, was auf die schwierigere Ausbildungsplatzsuche[60] von Jugendlichen mit ausländischer Staatsangehörigkeit hinweist. In den 90er-Jahren liegt aber ihr Anteil auch in Kollegschulen (1996: 16,2 v.H.) und Berufsfachschulen (1996: 12,0 v.H.) über dem Durchschnitt, in Berufsschulen liegt er mit knapp 8,6 v.H. knapp unter ihrem Anteil an allen Schülern. Bei den Berufsober- und Fachoberschulen (7,1 v.H.) und den Fachschulen (3,5 v.H.) sind die Anteile ausländischer Staatsangehöriger ebenfalls gestiegen, aber weiterhin unterproportional; an Schulen des Gesundheitswesens ist nach einer ansteigenden Tendenz bis zum Jahr 1995 (6,7 v.H.) nun wieder ein Rückgang zu verzeichnen, 1996 beträgt ihr Anteil dort etwa 5,9 v.H.

5.3.1.4 Schulerfolg von Kindern und Jugendlichen aus Migrantenfamilien

Die insgesamt vorfindliche Unterrepräsentanz in höher qualifizierenden (allgemeinbildenden wie beruflichen) Schulen ist auch Ausdruck der Tatsache, daß ausländische Schüler zum Teil „Seiteneinsteiger“ in das Bildungssystem der Bundesrepublik Deutschland sind oder zeitweise in ihr Heimatland zurückkehren („Pendelkinder“) (vgl. Herrmann 1995, 24 ff.). Vollständige und kontinuierliche Bildungsbiographien sind bei einem bedeutenden Anteil von ihnen nicht anzutreffen. Hauptgrund ihres teilweise unterdurchschnittlichen Bildungserfolg dürfte aber der oftmals defizitäre familiäre Bildungshintergrund sein.[61] Diese Faktoren wirken hinsichtlich des z.T. fehlenden Schulerfolgs zusammen: etwa ein Fünftel der ausländischen Schüler verließ 1996 die allgemeinbildenden Schulen ohne Abschluß[62], hierzu tragen aber auch die mit ihren Familien noch während des Schuljahres zurückwandernden auslän-

60 In der Bundesrepublik Deutschland findet (im Gegensatz zu den meisten Herkunftsländern von Jugendlichen aus Migrantenfamilien) die Berufsausbildung überwiegend im „dualen System“ statt. Dies bedeutet, daß Auszubildende, neben dem Besuch beruflicher Schulen, mit einem Betrieb einen Lehrvertrag abschließen. Ausgebildet wird auf der Grundlage eines Berufsausbildungsvertrages, auf den „die für den Arbeitsvertrag geltenden Rechtsvorschriften und Rechtsgrundsätze anzuwenden“ sind (§ 3 Abs. 2 BBiG), Auszubildende sind daher Beschäftigte in beruflicher Ausbildung (§ 3 Abs. 1 BBiG). Damit unterliegt das Ausbildungsverhältnis eines nicht-deutschen Staatsangehörigen grundsätzlich dem „Inländerprimat“ des § 19 Arbeitsförderungsgesetz (SGB III). Ein ausländischer Jugendlicher benötigt daher, bevor er ein Ausbildungsverhältnis nach deutschem Recht aufnehmen kann, eine Arbeitserlaubnis. Zur Aufnahme eines Ausbildungsverhältnisses wird die Arbeitserlaubnis gemäß § 2 Abs. 2 Nr.3 Arbeitserlaubnisverordnung (AEVO) erteilt.

61 Die meisten der ausländischen Schülerinnen und Schüler sind im Inland geboren und regulär eingeschult worden.

62 Einschließlich Schulentlassene aus Sonderschulen.

dischen Kinder und Jugendlichen bei. Bei den erzielten Abschlüssen überwiegt immer noch die Hauptschule: 1996 konnten über 37 000 (das sind rund 54 v.H. aller ausländischen Schüler, die den Schulbesuch regulär beendeten) von ihnen den Hauptschulabschluß erzielen, immerhin rund ein Drittel einen mittleren Abschluß; Hochschulreife erreichten lediglich rund 11 v.H. aller nichtdeutschen Schüler. Im Vergleich zu Schülern mit deutscher Staatsangehörigkeit werden allerdings erhebliche Disparitäten deutlich: So hat etwa nur jeder siebenundzwanzigste aller Abiturienten eine ausländische Staatsangehörigkeit, knapp jeder vierzehnte mit mittlerem Abschluß, aber rund jeder Fünfte mit Hauptschulabschluß. Wenn man berücksichtigt, daß der Anteil ausländischer Staatsangehöriger in diesen Altersjahrgängen überproportional hoch ist, werden die erheblichen Erschwernisse für die strukturelle Integration deutlich. Das insgesamt gestiegene Bildungsniveau in Deutschland relativiert darüber hinaus die leichte Tendenz zu höher qualifizierenden Bildungsabschlüssen.

5.3.2 Berufliche Bildung

Bei der beruflichen Ausbildung ist die Entwicklung im letzten Jahrzehnt für Jugendliche mit ausländischer Staatsangehörigkeit insgesamt positiver verlaufen (vgl. DIW 1997, 428 ff. sowie DIW 1998, 417 ff.). Während die Zahl aller Auszubildenden zwischen 1985 und 1996 von rund 1,83 Mio. auf 1,48 Mio. abnahm, stieg sie bei ihnen von etwa 51 400 auf rund 116 000. Das entspricht im Durchschnitt einem Anteil von knapp 7,3 v.H. Dennoch sind Jugendliche mit ausländischer Staatsangehörigkeit auch bei der beruflichen Ausbildung -gemessen an ihrem Anteil in der jeweiligen Altersgruppe- weiterhin stark unterrerpräsentiert. Dieses dürfte eine Folge des großen Anteils von Schulabgängern ohne Abschluß sein. Nach Wirtschaftsbereichen liegen die Schwerpunkte der Auszubildenden mit ausländischer Staatsangehörigkeit bei den sonstigen Dienstleistungen (1995: knapp 33 v.H.) und im verarbeitenden Gewerbe (knapp 30 v.H.). Der Anteil an allen Auszubildenden war in Reinigungs- und Körperpflegeberufen mit rund 22 v.H., im Straßenfahrzeugbau (13,7 v.H.), im Stahl- und Metallbau (11,9 v.H.), im Baugewerbe (10,8 v.H.) und bei Organisationen ohne Erwerbscharakter (11,7 v.H.) besonders hoch. Stark unterdurchschnittlich sind sie im Kredit- und Versicherungsgewerbe (3,1 v.H.), in der Land- und Forstwirtschaft und bei Gebietskörperschaften (3,5 v.H.) vertreten. Es zeigt sich, daß Jugendliche mit ausländischer Staatsangehörigkeit insbesondere in geringer qualifizierten Dienstleistungen sowie im produzierenden Bereich ausgebildet werden (vgl. im einzelnen

BMBWFT 1997b), wo das Risiko von Arbeitslosigkeit in den vergangenen Jahren besonders hoch war. Auffallend ist, daß trotz der Integrationsbemühungen im Ausbildungsbereich viele Jugendliche mit ausländischer Staatsangehörigkeit wieder in den Wirtschaftsbereichen tätig werden, in denen bereits ihre Eltern arbeiteten. Die große Gruppe der ausländischen Jugendlichen ohne Schulabschluß (etwa ein Fünftel) und ohne Ausbildungsabschluß ist in den Chancen zu Erwerbstätigkeit stark beeinträchtigt (vgl. dazu Beauftragte der Bundesregierung für Ausländerfragen 1997a, 20 f.).

5.3.3 Hochschulbildung von Migranten

Unterrepräsentiert sind auch die „Bildungsinländer" mit ausländischer Staatsangehörigkeit im deutschen Hochschulsystem. Unter den etwa 1,9 Mio. Studenten im Jahre 1995 waren knapp 150 000 ausländische Staatsangehörige (ca. 7,9 v.H.). Davon dürfte der größere Teil aber eigens zu Studienzwecken nach Deutschland gekommen sein. Das DIW schätzt, daß lediglich ein Drittel der Studierenden mit ausländischem Paß „Bildungsinländer" sind[63]. Ein Anspruch auf Zulassung zu einem Hochschulstudium steht gem. §27 Hochschulrahmengesetz (HRG) nur deutschen Staatsangehörigen zu. In den Landes-Hochschulgesetzen wird Nicht-Deutschen nur ein Anspruch auf Ermessensentscheidung eingeräumt, auch wenn sie die für Deutsche erforderliche Qualifikation besitzen.

Von den im SOEP Befragten Westdeutschen im Alter von 16 bis 65 Jahren verfügten 12,5 v.H. über einen FH-/Universitätsabschluß. In der ausländischen Bestandsbevölkerung wurde ein Anteil von rund 8 v.H. angetroffen. Bei den Zugewanderten verzeichnen Asylbewerber und Flüchtlinge mit fast 20 v.H. einen hohen Anteil von Hochschulabsolventen, „sonstige" Zugewanderte (die sich überwiegend zu Studienzwecke in Deutschland aufhalten dürften) einen Anteil von 22,5 v.H. Dagegen verfügten nur etwa 3,8 v.H. der Zugewanderten aus den ehemaligen Anwerbeländern über einen FH-/ Universitätsabschluß, etwa 11,2 v.H. der ostdeutschen Übersiedler nach 1990 und 14 v.H. der Aussiedler.[64]

---

63 DIW 1994, 36. Wenn sich die Anzahl der Studierenden mit ausländischer Staatsangehörigkeit zwischen 1960 und 1995 auch mehr als versiebenfachte, lag dennoch ihr Anteil im Jahr 1995 (7,9 v.H.) nur geringfügig höher als im Jahre 1960; der Anteil ausländischer Staatsangehöriger an der Gesamtbevölkerung betrug damals nur 1,2 v.H., 1995 etwa 9 v.H.

64 Vgl. hierzu Frick/Wagner 1996, 14 und Tabelle 3. Die Fallzahlen in der differenzierten Zuwandererstichprobe sind allerdings sehr klein, so daß keine Repräsentativität der Ergebnisse für Asylbewerber und Flüchtlinge sowie für Zugewanderte aus Anwerbeländern gegeben ist.

5.3.4 Weiterbildung

Die Eintritte ausländischer Staatsangehöriger in Maßnahmen der Fortbildung, Umschulung und betrieblichen Einarbeitung ist in den letzten Jahren angestiegen, liegt aber mit rund 6 v.H. (1996) immer noch erheblich unter ihrem Anteil an allen Beschäftigten und wird ihrer schwierigeren Arbeitsmarktposition nicht gerecht. Besonders schwach sind ausländische Frauen vertreten. Allerdings sind an solchen Maßnahmen auch deutsche Frauen um etwa 10 v.H. weniger beteiligt, als es ihrem Anteil an allen Arbeitssuchenden entspräche.

5.4 Einkommen

Die Einkommen der Migranten sind ein wichtiger Indikator für ihren Lebensstandard und damit auch Ausdruck des Grades ihrer strukturellen Integration. Hier ist ein generell niedriges Niveau bei Asylsuchenden und Flüchtlingen mit unsicherer Aufenthaltsperspektive zu vermuten, da dieses bei ihnen im wesentlichen aus Leistungen nach dem BSHG/ Asylbewerberleistungsgesetz bzw. Kleinverdiensten besteht. Bei Aussiedler ist eine relativ schnellere Angleichung an die Einkommensverhältnisse der bereits Ansässigen zu erwarten, auf Grund von ihnen gewährten besonderen Integrationshilfen und einer weitgehenden sozialrechtlichen Gleichbehandlung. Zur Entwicklung der Einkommenssituation in den größten Gruppen der ausländischen Arbeitsmigranten aus der Türkei, dem Gebiet des ehemaligen Jugoslawien, Italien und Griechenland liegt eine Vergleichsstudie (1985 und 1995) vor (SIGMA/Forschungsinstitut der FES 1996, 162 ff.), der nachfolgende Ergebnisse entnommen sind. Es zeigt sich, daß mittlerweile die Zugewanderten aus EU-Staaten gegenüber denen aus Drittstaaten eine deutlich bessere Einkommensposition aufweisen.

5.4.1 Haushaltsnettoeinkommen

Das Haushaltsnettoeinkommen[65] der ausländischen Staatsangehörigen ist hiernach durchschnittlich geringer als das von Deutschen, und dies bei über-

65 Das Haushaltsnettoeinkommen ist hier definiert als die Summe der Einkommen aller Haushaltsmitglieder, ohne Kindergeld.

wiegend mehr Haushaltsmitgliedern. So verfügten 1995 fast ein Drittel (knapp 30 v.H.) aller Haushalte der oben genannten, größten Gruppen ausländischer Staatsangehöriger über ein monatliches Nettoeinkommen von lediglich unter 2 500 DM, bei deutschen Haushalten waren es in dieser Einkommensklasse nur rund 20 v.H. Rund 40 v.H. der befragten Haushalte ausländischer Staatsangehöriger verfügten über 2 500 bis 4 000 DM im Monat gegenüber rund 30 v.H. der deutschen Haushalte. Die höheren Einkommen ab 4 000 DM im Monat erreichten nur knapp 30 v.H. der Haushalte ausländischer Staatsangehöriger, aber etwa 45 v.H. der deutschen Haushalte.

Mit dem insgesamt vergleichsweise niedrigen Nettoeinkommen werden in Haushalten ausländischer Staatsangehöriger durchschnittlich mehr Personen versorgt: denn davon waren über 40 v.H. Vier- und Mehrpersonenhaushalte, bei den deutschen Haushalten waren diese Haushaltsgrößen nur in rund 26 v.H. Fälle anzutreffen. Ein- und Zweipersonenhaushalte ausländischer Staatsangehöriger sind demgegenüber nur knapp 40 v.H. befragt worden, bei den deutschen Haushalten beträgt der Anteil dieser Haushaltsgröße aber über 50 v.H. Die Anzahl der Verdiener in ausländischen und deutschen Haushalten differiert demgegenüber nicht entscheidend, so daß der Grund für die feststellbare Ungleichheit in den niedrigeren Nettoverdiensten und Bruttostundenlöhnen ausländischer Staatsangehöriger liegen dürfte.

Die genannten Gruppen ausländischer Staatsangehöriger unterscheiden sich bezüglich ihrer durchschnittlichen Haushaushaltsnettoeinkommen voneinander erheblich, wenn sich auch die Unterschieden zwischen 1985 und 1995 insgesamt etwas verringerten: 1985 hatten die griechischen Staatsangehörigen im Durchschnitt das höchste Haushaltsnettoeinkommen (3060 DM), gefolgt von Zugewanderten aus dem Gebiet des ehemaligen Jugoslawien (2901 DM), Italienern (2659 DM) und türkischen Staatsangehörigen (2614 DM). Im Jahr 1995 verfügten weiterhin Zugewanderte griechischer Staatsangehörigkeit über das -mittlerweile um etwa ein Sechstel gestiegene- im Vergleich höchste Haushaltsnettoeinkommen (3579 DM), nun gefolgt von italienischen (3453 DM) und türkischen Staatsangehörigen (3366 DM). Zugewanderte aus dem Gebiet des ehemaligen Jugoslawien haben durchschnittlich gegenüber 1985 kaum einen Zuwachs verzeichnet (3097 DM) und verfügen nun über das im Vergleich dieser vier Gruppen geringste Haushaltsnettoeinkommen.[66]

Vergleicht man die Haushalte nach Einkommensklassen differenziert, so zeigt sich eine überdurchschnittliche Repräsentanz der Zugewanderten aus

66 Dieses ist vermutlich Resultat der nach 1990 stark gestiegenen Flüchtlingszuwanderung aus dem Gebiet des ehemaligen Jugoslawien.

dem Gebiet des ehemaligen Jugoslawien bei den kleinsten Haushaltseinkommen bis 1800 DM (knapp 15 v.H. aller Haushalte von Zugewanderten aus dem Gebiet des ehemaligen Jugoslawien gegenüber 8,4 v.H. aller Haushalte von Zugewanderten mit türkischer Staatsangehörigkeit, 8,7 v.H. aller mit griechischer Staatsangehörigkeit und 9,1 v.H. aller mit italienischer Staatsangehörigkeit). In den unteren und mittleren Haushaltseinkommen von 1800 DM bis 4000 DM sind Haushalte von türkischen Staatsangehörigen mit über 72 v.H. stark überrepräsentiert (Zugewanderte aus dem Gebiet des ehemaligen Jugoslawien 60,1 v.H., italienische Staatsangehörige 57,1 v.H., griechische Staatsangehörige 45,5 v.H.). In den mittleren und oberen Einkommen zwischen 4000 DM und 6000 DM sind die Anteile der Zugewanderten mit griechischer (27,1 v.H.) und italienischer (26,3 v.H.) Staatsangehörigkeit am höchsten (türkische Staatsangehörige: 23,1 v.H., Staatsangehörige aus dem Gebiet des ehemaligen Jugoslawien: 20,3 v.H.). Obere Einkommen ab 6000 DM erzielten fast 10 v.H. der griechischen, 7,4 v.H. der italienischen, 6,4 v.H. der türkischen und 4,8 v.H. der Staatsangehörigen aus dem Gebiet des ehemaligen Jugoslawien.

Mit Daten des SOEP wurden von Frick und Wagner (1996) Haushalts-Äquivalenzeinkommen, deren Gewichtung sich von der im BSHG üblichen Skala ableiten, gebildet.[67] Danach wurden diese auf das Durchschnittseinkommen der Gesamtbevölkerung indexiert. Die sich ergebenden relativen Einkommenspositionen weisen mit einem Indexwert von 110 für deutsche Staatsangehörige in Westdeutschland die höchsten Haushaltsnettoeinkommen aus. Die Einkommensposition für Ostdeutsche liegt mit etwa 80 v.H. des gesamtdeutschen Mittelwertes deutlich schlechter, auch gegenüber der ausländischen Bestandsbevölkerung in Westdeutschland, die 85 v.H. des gesamtdeutschen Mittelwertes erzielten. Zugewanderte weisen -mit Ausnahme der Ost-West-Übersiedler- unterdurchschnittliche Einkommenspositionen aus: Zugewanderte aus den ehemaligen Anwerbeländer erzielen etwa 70 v.H., Aussiedler etwa 65 v.H. und Flüchtlinge lediglich knapp 45 v.H. des gesamtdeutschen Mittelwertes (vgl. Frick/Wagner 1996, 20).

5.4.2 Monatliche Nettoverdienste ausländischer Arbeitnehmer

Die monatlichen Nettoverdienste[68] ausländischer Arbeitnehmer lagen 1995 bei rund 2 200 DM. Gegenüber 1985, wo sie bei etwa 1 700 DM lagen, ist

67 Vgl. zur Methodik Frick/Wagner 1996, 19.

68 Nach Abzug von Steuern und Sozialversicherungsbeiträgen, ohne Kindergeld.

eine Zunahme um durchschnittlich 500 DM festzustellen. Inflationsbereinigt entspricht dieses allerdings lediglich einer Steigerung um 3,8 v.H. Im gleichen Zeitraum erhöhte sich die durchschnittliche Nettolohn- und Gehaltssumme aller Arbeitnehmer in Deutschland (früheres Bundesgebiet) von durchschnittlich 2 020 DM auf knapp 2 700 DM, inflationsbereinigt also um knapp 7 v.H. Die Einkommensschere zwischen Arbeitnehmern deutscher und ausländischer Staatsangehörigkeit hat sich demnach weiter geöffnet: das durchschnittliche Nettoeinkommen ausländischer Arbeitnehmer lag 1985 um etwa 15 v.H. unter dem aller Arbeitnehmer, 1995 um rund 18 v.H.

Ein wesentlicher Grund für diese Einkommensunterschiede dürfte der im Vergleich zu den Deutschen nahezu doppelt so hohe Arbeiteranteil in den befragten Bevölkerungsgruppen mit ausländischer Staatsangehörigkeit sein, aber auch innerhalb der Arbeiterschaft bestehen Einkommensunterschiede zwischen deutschen und ausländischen Staatsangehörigen.

Zwischen den betrachteten Gruppen ausländischer Staatsangehöriger bestehen -wie bei den Haushaltsnettoeinkommen- ebenso Unterschiede: Insbesondere Arbeitnehmer aus dem Gebiet des ehemaligen Jugoslawien verdienen mit durchschnittlich 2 090 DM erheblich weniger als Arbeitnehmer mit türkischer (2 244 DM), griechischer (2 287 DM) und italienischer (2 296 DM) Staatsangehörigkeit.

Neben den aufgezeigten Einkommensdifferenzen zwischen Arbeitnehmern deutscher und nicht-deutscher Staatsangehörigkeit sowie zwischen den verschiedenen ausländischen Gruppen bestehen erhebliche geschlechtsspezifische Ungleichheiten bezüglich der Höhe der erzielten monatlichen Nettoeinkommen. So verdienten Frauen 1995 bei allen betrachteten Gruppen durchschnittlich etwa ein Drittel weniger als Männer. Griechische Staatsangehörige erzielten einen monatlichen Nettoverdienst von 2 528 DM bei Männern, aber nur 1 806 DM bei Frauen, türkische Staatsangehörige 2 436 DM (Männer) und 1 716 DM (Frauen), italienische Staatsangehörige 2 511 DM (Männer) gegenüber 1 677 DM (Frauen), Staatsangehörige aus dem Gebiet des ehemaligen Jugoslawien 2 328 DM (Männer) und 1 607 DM (Frauen). Ursächlich hierfür dürften die wesentlich höheren Anteile geringfügig und teilzeitbeschäftigter Frauen sowie die geringer bewerteten beruflichen Positionen der Frauen mit ausländischer Staatsangehörigkeit sein.

5.4.3 Bruttostundenlöhne ausländischer Arbeitnehmer

71 v.H. der befragten Arbeitnehmer mit ausländischer Staatsangehörigkeit waren 1995 Arbeiter. Daher ist die Entwicklung der Bruttostundenlöhne von

Arbeitern bezüglich dieser Gruppen besonders aussagekräftig. Wie 1985 zeigt der Vergleich mit deutschen Kollegen, daß sie unterdurchschnittlich verdienen. Im früheren Bundesgebiet verdiente ein Arbeiter in der Industrie durchschnittlich knapp 25 DM brutto in einer Stunde (1985: rund 16 DM). Der durchschnittliche Bruttostundenlohn eines Arbeiters in den befragten Gruppen mit ausländischer Staatsangehörigkeit lag demgegenüber bei lediglich etwa 19,50 DM (1985: knapp 14 DM). Nur etwa jeder zehnte Arbeiter mit ausländischer Staatsangehörigkeit erreicht 1995 den durchschnittlichen Bruttostundenlohn von 25 DM. Die Ursachen für die Entlohnungsunterschiede liegen in dem hohen Anteil un- bzw. angelernter Arbeiterinnen und Arbeiter mit ausländischer Staatsangehörigkeit sowie in der Konzentration ihrer Beschäftigung in Branchen, die sich in den letzten Jahren krisenhaft entwickelten.

5.5 Räumliche Verteilung und Wohnsituation

5.5.1 Räumliche Verteilung

Da sich die Zuwanderung nach Deutschland nicht gleichmäßig über das Gebiet der Bundesrepublik erstreckt, sondern auch von beschäftigungsorientierten Gesichtspunkten geleitet ist (Arbeitsmigranten ziehen insbesondere in die beschäftigungsintensiven Zentren), bestehen heute raumstrukturelle und regionale Schwerpunkte mit hohen Anteilen ausländischer Migranten (vgl. Beauftragte der Bundesregierung für Ausländerfragen 1997b, 95 ff.). Neben den Stadtstaaten Hamburg, Bremen und Berlin haben die Flächenländer Hessen, Baden-Württemberg und Nordrhein-Westfalen die höchsten Anteile. In den neuen Bundesländern (ohne Ostberlin) leben insgesamt rund 222 000 ausländische Staatsangehörige, die lediglich einen geringen Anteil (zwischen 2,4 v.H. in Brandenburg und 0,9 v.H. in Thüringen) an der Bevölkerung ausmachen.

Innerhalb der Bundesländer wohnen ausländische Staatsangehörige vorzugsweise in bestimmten Regionstypen, insbesondere innerhalb von Städten in den großen Ballungszentren (West-) Deutschlands. Mehr als 50 v.H. der ausländischen Staatsangehörigen leben in kreisfreien Städten, wobei der Bevölkerungsanteil dieser Städte an der Gesamtbevölkerung nur gut ein Drittel ausmacht. Jeder vierte bis fünfte Einwohner von Stuttgart, München, Mannheim, Frankfurt/Main und Offenbach besitzt eine nicht-deutsche Staatsangehörigkeit. Darüber hinaus sind auch bevorzugte Ansiedlungsgebiete bestimmter Herkunftsgruppen festzustellen: so leben z.B. in Duisburg bevorzugt türkische Staatsangehörige (hier haben fast 60 v.H. aller ausländischen Staatsangehörigen die türkische Staatsangehörigkeit), während z. B. in München bevorzugt Staatsangehörige aus dem Gebiet des ehemaligen Jugoslawien leben. Nach der Raumordnungsprognose 2010 der Bundesanstalt für Landeskunde und Raumordnung (BfLR) werden die Zielgebiete der Zuwanderung auch künftig insbesondere hochverdichtete Räume sein.

In den Städten ist die Verteilung der ausländischen Wohnbevölkerung über die Stadtteile mancherorts durch Siedlungsschwerpunkte von ethnischen Gruppen geprägt. Diese entstehen im Zuge von Folgewanderungen, wenn bereits ausländische Staatsangehörige verstärkt in bestimmte Viertel (insbesondere in Altbauvierteln der Kernstädte) zugezogen waren. Die deutsche Wohnbevölkerung zieht dann oftmals weg, sei es aus Gründen sozialen Aufstiegs (Eigentumsbildung), teilweise auch aufgrund von Abgrenzungsbedürfnissen gegenüber den Zugezogenen. So verstärken sich diese Tendenzen gegenseitig, es bilden sich ethnische Siedlungsschwerpunkte. Hier finden Zugewanderte oft Möglichkeiten der Identifikation und der emotionalen Stabilisierung in den oft schwierigen Phasen des Migrations- und Integrationsprozesses. Ethnische „Kolonien" bieten Schutz vor Diskriminierung und Marginalisierung und stellen vertraute Räume dar, in denen auch ethnienspezifische Einrichtungen und Infrastruktur geschaffen werden können, z.B. Gebetsräume (vgl. Beauftragte der Bundesregierung für Ausländerfragen 1997c, 36).

Nachteile können bezüglich der Integration in die deutsche Gesellschaft entstehen: hohe Anteile von Migrantenkindern in Schulen, wenig Kontakt- und Begegnungsmöglichkeiten mit der deutschen Umgebung etc. schaffen auch strukturelle Erschwernisse der Integration.

5.5.2 Wohnsituation

Die Wohnsituation wirkt sich auf die gesamte Lebenssituation aus: das Zusammenleben innerhalb eines Haushalts, die Erholung nach der Arbeit, die Erziehung und der Schulerfolg der Kinder u.a. können durch die Wohnsituation wesentlich beeinflußt werden. Für Migranten ist darüber hinaus ausreichender Wohnraum eine Voraussetzung für Familiennachzug und die Verfestigung des Aufenthaltsstatus (vgl. Beauftragte der Bundesregierung für Ausländerfragen 1997c, Kapitel III 2). Die Chancen auf dem Wohnungsmarkt sind für ausländische Staatsangehörige wesentlich eingeschränkter als für Deutsche: am größten dürften die Probleme, angemessenen Wohnraum zu finden, für Neuzugewanderte sein. Aber auch strukturelle Benachteiligungen ergeben sich aus Familien- bzw. Haushaltsgrößen der Migranten, (niedrigen) Einkommen, fehlenden Sprachkenntnissen, Diskriminierung. Die eingeschränkten Chancen lassen insbesondere Neuzugewanderte in Wohngebieten mit niedrigem Status wohnen: in Spekulationsobjekten, Häusern mit schlechter Bausubstanz, in schlechter Lage, in dicht besiedelten Hochhaussiedlungen etc., in Wohnquartieren also, die für andere Bevölkerungsgruppen unattraktiv sind. Auch ist die Unterstützung bei der Wohnraumsuche in ethnischen Siedlungsschwerpunkten bedeutsam. Laut der „Repräsentativuntersuchung '95" sind für Zugewanderte mit ausländischer Staatsangehörigkeit die häufigsten Schwierigkeiten auf dem Wohnungsmarkt: Wohnraummangel (etwa 65 v.H.), hohe Mieten (62 v.H.), lange Zeit der Wohnungssuche (44 v.H.), Diskriminierungen durch Vermieter (35 v.H.) (vgl. SIGMA/ Forschungsinstitut der FES 1996, 263-266).

Die Ergebnisse der Wohnungsstichprobe von 1993 zeigen, daß ausländische Staatsangehörige sehr viel schlechter mit Wohnraum versorgt sind als Deutsche: die durchschnittliche Wohnfläche ist bei ihnen geringer, obwohl sie in größeren Haushalten leben: durchschnittlich stehen ihnen weniger Wohnräume und -flächen zur Verfügung (vgl. Statistisches Bundesamt 1996, 44 f.). Der weitaus größte Teil der ausländischen Staatsangehörigen (etwa 90 v.H.) wohnt zur Miete. Der Anteil der Wohneigentümer beträgt 6,5 v.H., etwa 3,5 v.H. leben in Wohnheimen bzw. Gemeinschaftsunterkünften. Den höchsten Anteil an Eigentümern von Wohnraum weisen mit knapp 10 v.H. Italiener auf, gefolgt von Griechen mit 7,4 v.H. Vergleichsweise sind Deutsche zu 55 v.H. Mieter und zu 43 v.H. Eigentümer. Von den ausländischen Mietern bewohnen 22 v.H. eine Sozialwohnung. In der Wohnausstattung unterscheiden sich die ausländischen Haushalte heute nur noch unwesentlich von den deutschen: etwa 98 v.H. verfügen über Küchen, 96 v.H. über Bäder oder Duschen innerhalb ihrer Wohnungen. Mit Zentralheizung sind allerdings nur 75 v.H. aller ausländischen Haushalte ausgestattet, während dieses zu 90 v.H. bei deutschen Haushalten der Fall ist. In der Marplan-Untersuchung von 1996 zeigten sich dennoch 70 v.H. der befragten ausländischen Staatsangehörigen sehr zufrieden oder zufrieden mit ihren Wohnverhältnissen, ein Viertel ist nicht ganz zufrieden und knapp 5 v.H. sehr unzufrieden.[69]

69 Ähnliche Einschätzungen ergeben sich aus den subjektiven Bewertungen der Wohnsituation der befragten Zugewanderten im SOEP: danach schätzen etwa 34 v.H. der Aussiedler, 38 v.H. der Zugewanderten aus den ehemaligen Anwerbeländer und 44 v.H. der Flüchtlinge ihre Wohnung als zu klein ein; vgl. Frick/Wagner 1996, 12.

6 Soziale, ökonomische und kulturelle Folgen der Migration

Die meisten Bevölkerungs- und Arbeitsmarkt*prognosen* kommen zu dem Ergebnis, daß -beginnend etwa mit dem Jahr 2010- eine starke Zunahme des Anteils der älteren Bevölkerung und ein Rückgang des Arbeitskräftepotentials in Deutschland zu erwarten ist. Trotz der generellen Veränderungen in der Struktur von Wirtschafts- und Arbeitswelt (technologische Revolution, Ökologisierung, Globalisierung) könnten also schon bald, als mögliche Option zur Abfederung von Arbeitskräftemangel und um die Folgen der demographischen Entwicklung für die sozialen Sicherungssysteme auszugleichen[70], Zuwanderungen (auch von Erwerbspersonen) notwendig werden. Durch die Freizügigkeit innerhalb der EU kann der mögliche Arbeitskräftebedarf nicht aufgefangen werden, da in allen europäischen Länder eine ähnliche demographische Entwicklung zu erwarten ist, die wirtschaftliche Konvergenz im Zuge der europäischen Währungsunion zunehmen und damit ökonomische push-Faktoren für Migrationen abnehmen dürften. Es ist daher absehbar, daß zukünftig vermehrt Zuwanderungen auch aus Nicht-EU-Ländern notwendig werden. Derzeit wird die innenpolitische Diskussion hingegen immer stärker von der Abwehr unerwünschter Zuwanderung geprägt. Der Versuch, Zuzug einzuschränken, sollte aber nicht die Aufmerksamkeit von der Frage ablenken, in welcher Weise die bundesrepublikanische Gesellschaft mit denen umgeht, die bereits im Lande leben und die ihre Lebensperspektive für sich und ihre Kinder in Deutschland sehen.

Die Integrationshilfen für ausländische Arbeitnehmer aus den ehemaligen Anwerbeländern und für Aussiedler wirkten insgesamt positiv. Durch den Aufbau von Sozialdiensten für beide Gruppen konnten aufkommende Schwierigkeiten verringert werden. Asylbewerbern und vor allem die große Zahl der De-facto-Flüchtlinge erhalten solche Eingliederungshilfen nicht, da ihr Aufenthalt als nur vorübergehend angesehen wird. Allerdings zeigt ihr faktischer Verbleib, daß dieser aus unterschiedlichen Gründen oft zu einem Daueraufenthalt wird. Insofern ist ihnen gegenüber, wenn sie nicht auf Dauer

70 Die Finanzierungsprobleme der sozialen Sicherung lassen sich durch Zuwanderung zumindest dann verringern, wenn die Arbeitsmarktintegration der Zugewanderten gewährleistet ist und sie sozialversicherungspflichtig beschäftigt sind. Natürlich nehmen Zugewanderte auch Leistungen der sozialen Sicherung -bei der Renten- und Pflegeversicherung zeitversetzt- in Anspruch. In einer ökonomischen Kosten-Nutzen-Rechnung müssen allerdings auch die im Zusammenhang mit der Integration entstehenden Kosten berücksichtigt werden.

von Sozialhilfe abhängig sein sollen, eine aktive Integrationsförderung, auch in den Arbeitsmarkt, angebracht.

6.1 Soziale Folgen der Migration

Die bisherigen integrationspolitischen Maßnahmen für Zugewanderte im Schul-, Ausbildungs- und Wohnbereich waren in vielen Bereichen erfolgreich. Auch im Vergleich mit anderen europäischen Ländern zeigt sich, daß die soziale Schlechterstellung der Zugewanderten in Deutschland weniger ausgeprägt ist als in vielen Nachbarländern. Es ist allerdings auch nicht zu erwarten, daß Zugewanderten durch staatliche Integrationshilfen ein sozialer Aufstieg oder eine Angleichung an die sozioökonomische Lage der Einheimischen ermöglicht werden kann. Eingliederungshilfen können aber, insbesondere im Bildungs- und Ausbildungsbereich, die Benachteiligung von Zugewanderten wesentlich verringern.[71] Besonders dringlich erscheinen darüber hinaus Verbesserungen des Zugangs von Zugewanderten zum tertiären Wirtschaftssektor, einschließlich dem öffentlichen Dienst. Hierzu ist an eine Verstärkung und zielgruppenspezifische Ausrichtung von Qualifikatonsprogrammen zu denken.

Nicht zuletzt bei der staatlichen Förderung der Eingliederung von Zugewanderten ergeben sich gesellschaftspolitische Problemlagen, welche die Akzeptanz solcher Bemühungen in der bereits ansässigen Bevölkerung betreffen. Diese resultieren nicht allein, aber auch, aus der Tatsache, daß Neuzugewanderte überwiegend mit sozial schlechter gestellten Bevölkerungsgruppen um Arbeit, Wohnmöglichkeiten und (Erwerbs- oder Transfer-) Einkommen konkurrieren. Um die Aufnahme- und Integrationsbereitschaft der einheimischen Bevölkerung zu steigern ist daher eine aktive Förderung von Akzeptanz gegenüber der Migrationsrealität von großer Bedeutung; ebenso sollte, um die soziale Kohäsion zu fördern, von den Zuwandernden die Bereitschaft zur Eingliederung in die bundesrepublikanische Gesellschaft gefordert werden.

Wenn Migranten sich komplementär und nicht in Konkurrenz zu Einheimischen in den Arbeitsmarkt eingliedern, so kann dieses -neben den erwünschten ökonomischen Vorteilen (vgl. 6.2)- für die Aufnahmegesellschaft auch nachteilige soziale Auswirkungen haben: z.B. besteht die Gefahr einer

---

71 So auch das Fazit von Wagner (1996), 90.

sogenannten „ethnischen Schichtung“, die Esser (1988, 240) als „systematische Kombinationen von vertikalen Ungleichheitsstrukturen mit ethnischen (bzw. allgemeinen kulturellen) Zugehörigkeiten“ definiert. In Deutschland könne sich daraus eine Art neuer „Unterklasse“, in der Migranten besonders stark vertreten wären, bilden.[72]

Empirische Ergebnisse belegen, daß sich trotz solcher strukturellen Konfliktpotentiale im Zeitverlauf seit 1980 die Einstellungen und Kontakte der deutschen Bevölkerung zu Ausländern -neben dem weiteren Bestehen von Vorurteilen- erheblich verbessert haben (vgl. ALLBUS 1982-94). So geben mittlerweile über 20 v.H. der über 16jährigen Deutschen an, daß sie persönlich Kontakte zu Ausländern in ihrer Familie oder Verwandtschaft haben; 1980 waren es nur 5 v.H. Dagegen stimmen mittlerweile nur noch 20 v.H. der Aussage zu, daß bei knappen Arbeitsplätzen Ausländer wieder in ihre Heimat zurückgehen sollten, 1980 war noch die Hälfte der Befragten dieser Ansicht. Man kann daraus ableiten, daß Kontakte und Zusammenleben das Verständnis füreinander gefördert haben. Wenn dieses Zusammenleben sich verstärkt, Zugewanderte also nicht ausgegrenzt werden und auch nicht sich selbst abschotten, ist für die Zukunft mit weiter steigenden Akzeptanzwerten zu rechnen. Allerdings variieren die Ergebnisse bezüglich einzelner Zuwanderergruppen sehr stark: während z.B. lediglich 8 v.H. der befragten Deutschen antworteten, daß ihnen die Nachbarschaft zu einem italienischen Staatsangehörigen mehr oder weniger unangenehm sei, waren es gegenüber jüdischen Religionszugehörigen knapp 11 v.H., gegenüber Aussiedlern bereits knapp 16 v.H., gegenüber türkischen Staatsangehörigen rund 37 v.H. und gegenüber Asylbewerbern fast die Hälfte (rund 49 v.H.). Gegenüber der Einheirat von Zugewanderten in die eigene Familie bestehen bezüglich italienischen Staatsangehörigen bei rund einem Fünftel (rund 22 v.H.) der befragten Deutschen mehr oder weniger starke Vorbehalte, gegenüber jüdischen Religionszugehörigen oder Aussiedlern bei knapp 27 v.H., gegenüber türkischen Staatsangehörigen bei über der Hälfte (etwa 54 v.H.) und gegenüber Asylbewerbern bei rund 59 v.H.

---

72 Esser folgt hier seinem bereits 1980 vorgestellten Konzept der "ethnischen Unterschichtung", daß also ausländische Arbeitsmigranten quasi die deutsche Arbeiterschaft unterschichtet und eine "neofeudale Absetzung" der Einheimischen nach oben stattgefunden habe (vgl. Esser 1980, 130); das Konzept der "neofeudalen Absetzung"auch schon bei Hoffmann-Nowotny (1973).

6.2 Ökonomische Folgen der Migration

Die Konsequenzen der Migration für die wirtschaftliche Entwicklung in Deutschland müssen differenziert betrachtet werden: zum einen beeinflußt die Migration von Personen im erwerbsfähigen Alter den Arbeitsmarkt, direkt durch Erhöhung (bzw. Verringerung) des Arbeitskräftepotentials, indirekt durch Veränderungen der Produktivität und des (durchschnittlichen) Lohnsatzes. Zum anderen besteht ein Einfluß auf das Angebot und die Nachfrage von Gütern und Dienstleistungen. Es können Wachstumseffekte aus Zuwanderungen resultieren, die wieder auf den Arbeitsmarkt zurückwirken. In einer Gesellschaft mit alternder und zurückgehender Bevölkerung ist die Stabilität der sozialen Sicherung und die Entwicklung der Humanressourcenbildung gefährdet: hier wird zur Gegensteuerung oftmals auf positive Effekte von Zuwanderung verwiesen. Ebenso sind die Bereiche Forschung und Innovation von dem rückläufigen Potential der nachwachsenden Generationen berührt. Dieses alles ist auch vor dem Hintergrund zunehmender Internationalisierung zu bewerten, die unter anderem eine steigende Zahl hochqualifizierter Migrantinnen und Migranten nach sich zieht.

Hinsichtlich des Einflusses von Zuwanderung auf den Arbeitsmarkt in Deutschland entsteht in der gesellschaftspolitischen Diskussion oftmals der Eindruck, daß die Zuwanderung von Personen im erwerbsfähigen Alter zu einer aktuellen Erhöhung des Arbeitskräfteangebotes und damit zu steigender Arbeitslosigkeit beitrage; dieser Einschätzung stehen seit langem Befunde der Wissenschaft gegenüber, daß Substitutionseffekte[73] keine zentrale Rolle spielen, da Zugewanderte und Einheimische eine unterschiedliche sektorale, berufliche und qualifikatorische Struktur der Beschäftigung aufweisen und darüber hinaus positive gesamtwirtschaftliche Effekte durch steigende Produktivität, höhere Nachfrage etc. auftreten (vgl. Loeffelholz (1992), Barabas/Gieseck/Heilemann (1992), Zarth (1994), Bergmann /Peters (1994), BMWi (1994). Allerdings bestehen keine getrennten Arbeitsmarktsegmente, die den Wettbewerb zwischen zugewanderten und ansässigen Arbeitnehmern ausschlössen. Dieses gilt auch für selbständig Erwerbstätige. Zu beachten ist in diesem Zusammenhang auch die deutlich höhere Arbeitslosigkeit bei ausländischen Staatsangehörigen, die zum Teil ihren Weg in die Selbständigkeit gefördert hat (vgl. oben, 5.2.3). Andererseits würde in der Landwirtschaft, in einigen Bereichen des produzierenden Gewerbes und einiger (einfacher)

73 Substitutionseffekte treten auf, wenn Zuwanderer aufgrund ihrer Qualifikations- und Beschäftigungsstruktur Einheimische ersetzen, Komplementaritätseffekte, wenn sie ergänzend tätig sind (z.B. Hilfskräfte komplementär zu Fachkräften).

Dienstleistungen das Ausbleiben von Arbeitsmigranten einen massiven Arbeitskräftemangel mit negativen ökonomischen Folgen bewirken. Solche Schwerpunkte der Beschäftigung von Migranten erhöhen allerdings oft die Arbeitsmarktrisiken dieser Gruppen (vgl. oben, 5.2.4) und können gesellschaftliche Segregationstendenzen fördern.

In der ökonomischen Theorie bilden Unterschiede in den erwarteten Erwerbseinkommen die wesentlichste Ursache für Migration. Es ist damit zu rechnen, daß Arbeitsmigration dahin erfolgt, wo die Grenzproduktivität der Arbeit am höchsten ist (vgl. Straubhaar 1997, 47 ff.). Migration ermöglicht eine verbesserte Allokation der Arbeitskräfte und wirkt sich deshalb -folgt man dem neoklassischen Modell- makroökonomisch positiv aus: die Volkswirtschaft insgesamt gewinnt. Allerdings sind nicht alle einheimischen Arbeitskräfte von Zuwanderung gleichermaßen berührt: je stärker die Struktur der Beschäftigung der Einheimischen substitutiv zu der eingewanderter Arbeitskräfte ist, desto härter würden die Anpassungserfordernisse. Bei „funktionierenden“ Arbeitsmärkten würde nach neoklassischer Theorie durch Zuwanderung ein Druck auf die Reallöhne substitutiver, einheimischer Arbeitskräfte -mit der Folge sinkender Reallöhne- erzeugt. Bei „schlechter funktionierenden“ Arbeitsmärkten steige die Arbeitslosigkeit unter den substitutiven einheimischen Arbeitskräften. Vor allem weniger qualifizierte Arbeitskräfte dürften dann in hohem Maße mit den Zugewanderten um Arbeit konkurrieren.

Aber auch solche theoretisch möglichen negativen Effekte der Zuwanderung in Form sinkender Reallöhne und/oder steigender Arbeitslosigkeit in bestimmten Arbeitsmarktsegmenten der Aufnahmegesellschaft bedürften einer weiteren Analyse, denn diesen stehen gesamtwirtschaftlich Produktivitätsgewinne jener Produktionsfaktoren gegenüber, die in einem komplementären Verhältnis zu den Zuwandernden stehen. Zum einen erhöht sich die Kapitalrentabilität und es steigen die Zinserträge und -einkommen der Einheimischen. Zum anderen profitieren jene Einheimischen, deren Arbeitsproduktivität wegen der Komplementarität zu den Zuwandernden steigt. Vor allem würden einheimische Führungs- und Fachkräfte von zuwandernden Arbeitskräften Nutzen ziehen, wenn letztere die komplementären Tätigkeiten überhaupt erst verfügbar oder billiger werden lassen. Es steigt jedoch auch die Produktivität jener weniger qualifizierten Einheimischen, die ihrerseits nun eine komplementäre Tätigkeit zu höher qualifizierten zuwandernden Fach- und Führungskräften ausüben können.

Es bleibt letztlich eine jeweils empirisch zu beantwortende Frage, inwieweit Zuwanderung insgesamt positive oder negative Effekte auslöst (vgl. auch die historische Analyse von Sesselmeier/Rürup 1997, 11 ff.). Zimmermann (1993, 283 ff.) faßt die internationale Empirie dahingehend zusammen, daß kaum nennbare negative Effekte der Migration auf Lohnhöhe und Beschäftigung festzustellen sind. Eher sind die Einwandernden Komplemente und nicht Substitute für einheimische Arbeitskräfte. Sie stellen eine Flexibilitätsreserve dar - ein Ergebnis, das auch von Pischke/Velling (1994) gestützt wird, die in ihrer Analyse für Deutschland keine negativen Effekte der Zuwanderung auf die Beschäftigung oder Löhne der Einheimischen erkennen. Bauer (1997) resümiert, daß die Arbeitsmigration in die Bundesrepublik Deutschland insgesamt zu Migrationsgewinnen, d.h. zu Zuwächsen des Gesamteinkommens der Einheimischen geführt habe. Allerdings waren diese Gewinne gering und gingen mit großen Umverteilungseffekten einher, bei denen nicht qualifizierte Arbeitnehmer verloren und qualifizierte Arbeitnehmer und der Produktionsfaktor Kapital gewannen. Der Beitrag der Zugewanderten zum Wirtschaftswachstum wird von den Autoren insgesamt eher gering eingeschätzt. Allerdings erwies sich die Gastarbeiterbeschäftigung als konjunktureller Puffer für die einheimischen Arbeitnehmer. Die These einer durch Migration ausgelösten Innovations- und Produktivitätsschwäche wird von den Autoren sehr skeptisch beurteilt: Im Gegenteil, die deutsche Bildungsexpansion mit der Höherqualifikation deutscher Arbeitnehmer und ihrem Einsatz in innovativen Branchen scheint von der Zuwanderung begünstigt worden zu sein.

Franz (1993) und Haisken-DeNew (1996) beurteilen die Folgen der Zuwanderung für den deutschen Arbeitsmarkt weniger positiv: Sie vermuten eher (geringe) negative Wirkungen für Beschäftigung und Lohnhöhe.

Alle diese Studien behandeln nur die Arbeitsmarkt- und nicht die Kapitalmarkteffekte der Zuwanderung. Da jedoch gerade die Kapitalrentabilität durch die Zuwanderung steigt, dürften die quantifizierbaren empirischen Ergebnisse bei einer Gesamtbetrachtung noch positiver ausfallen.

Allerdings bleiben in diesen Berechnungen die entstehenden gesamtgesellschaftlichen Integrationskosten oft außer Betracht.[74] Außerdem ist auch der jeweilige konjunkturelle Einfluß zu beachten.

74 Es ist auch schon der Versuch gemacht worden, die Kosten der Nichtintegration ausländischer Zuwanderer zu quantifizieren und den entstehenden Integrationskosten gegenüberzustellen. Danach würden zukünftig etwa 50 bis 80 Milliarden (Mrd.) zusätzliches Sozialprodukt jährlich zu erwarten sein, wenn Zuwanderer optimal integriert wären. Bundesweit würden so jährlich 20 bis 35 Mrd. DM zusätzlicher Steuern und Sozialbeiträge zu erwarten sein. Dem ständen Integrationskosten von etwa 13 bis 23 Mrd. DM gegenüber, so daß sich ein fiskalischer Verlust bei Nichtintegration in Höhe von etwa 7 bis 12 Mrd. DM ergebe; vgl. RWI/Institut für Politikwissenschaft der Universität Münster (1996).

Wenn Zuwanderung gesamtwirtschaftlich positive Auswirkungen hat, einzelne Gruppen der Gesellschaft -nämlich die substitutiv tätigen Einheimischen- auf dem Arbeitsmarkt jedoch verlieren, ist es vor allem eine politisch-ökonomische Frage, inwieweit Zuwanderung ermöglicht oder durch rechtlich-administrative Hemmnisse erschwert werden soll. Hier schließt sich in der Regel die Forderung nach Steuerung von Migration an.

Die Effekte der Zuwanderung auf die soziale Sicherung, also inwieweit Zuwandernde mehr oder weniger in die Steuer- und Sozialkassen der Aufnahmeländer einzahlen als sie Sozial- und öffentliche Leistungen erhalten, ist empirisch nicht eindeutig zu beantworten (vgl. Rürup/Sesselmeier 1994, 64 ff.). Die vorliegenden Ergebnisse sind zu sehr raum- und zeitbezogen, um allgemeine Aussagen abzuleiten. In der Regel sind die gegenwärtigen und zukünftigen Auswirkungen auf die Finanzlage der Sozialversicherungen stark an den Konjunkturverlauf im Aufnahmeland gekoppelt und eng mit den Perspektiven verbunden, die den Zuwandernden auf dem Arbeitsmarkt, sowohl konjunkturell als auch rechtlich, offenstehen (vgl. Wagner 1996; Schmähl 1995, 247 ff.; Börsch-Supan 1994, 119 ff.). Außerdem sind die Effekte in den verschiedenen Zweigen unterschiedlich: so ist ein Vergleich der Beitragseinnahmen mit den in der gleichen Periode erfolgenden Ausgaben zwar in den Krankenversicherungen aussagekräftig, in der Rentenversicherung ergeben sich hingegen zusätzliche, auf den Beitragszahlungen beruhende Ausgaben u.U. erst Jahrzehnte später.

6.3 Kulturelle Folgen der Migration[75]

Migration und Integration von Zugewanderten führt im Zielland zur wechselseitigen kulturellen Beeinflussung. Dieses betrifft die Alltagskultur in den Lebenswelten der zugewanderten wie der ansässigen Bevölkerung, aber auch Bildungsvorstellungen und Erziehungsnormen, gelebte religiöse Traditionen, Familien- und Geschlechterbeziehungen. Soweit Kultur nicht in sich schon als pluralistisch begriffen wird, können in Migrations- und Integrationsprozessen kulturelle Konzepte und Praxen sich gegenseitig beeinflussen und anregen. Es besteht allerdings auch die Möglichkeit von konflikthafter kultureller Differenz, insbesondere bei einer starken Betonung der eigenen Kultur

75 Hierzu -aus der großen Zahl neuer Veröffentlichungen- z.B. die von K.J. Bade herausgegebenen Sammelbände "Die multikulturelle Herausforderung", München 1996, und "Migration-Ethnizität-Konflikt: Systemfragen und Fallstudien", Osnabrück 1996.

von Teilgruppen der Gesellschaft, wenn ein Ausschließlichkeitsanspruch gestellt wird. Die Beobachtung stattgefundener Migrations- und Integrationsprozesse zeigt, daß in der Regel eine gegenseitige Anpassung der vorfindlichen Mehrheitskultur und der eingebrachten Minderheitskulturen von Einwandererminoritäten im Zielgebiet der Migration erfolgt, bei meist starker Dominanz der Mehrheitskultur.

In der Wissenschaft werden kulturelle Praxen als ein Teil von „Ethnizität" behandelt. Als allgemeines soziologisches Konzept (vgl. Heckmann 1992, Hoffmann-Nowotny 1996) bezeichnet Ethnizität „die für individuelles und kollektives Handeln bedeutsame Tatsache, daß eine relativ große Gruppe von Menschen durch den Glauben an eine gemeinsame Herkunft, Gemeinsamkeiten der Kultur, Geschichte und aktuelle Erfahrungen verbunden ist und auf dieser Basis beruhende Solidargefühle, ein bestimmtes Identitäts- und Zusammengehörigkeitsbewußtsein besitzt" (vgl. Heckmann 1992, 56). Solchermaßen feststellbare Ethnizität bezeichnet eine soziale Gruppe an sich im Sinne einer sozialen Kategorie, konstituiert aber noch nicht soziales Handeln; Ethnizität bietet jedoch über ethnische Mobilisierung die Chance für „Vergesellschaftung" und „Vergemeinschaftung", für die Entstehung „vorgesteller Gemeinschaften" (imagined communities) (vgl. ebd. 37/38). Ethnizität -als sozialer Tatbestand- ermöglicht gemeinsam mit anderen Faktoren die Bildung und Erhaltung ethnischer Kollektive, da sie auf die Beziehungen zwischen Menschen strukturierend und gruppenbildend wirkt.

In Folge von Migrationen werden ethnische Gruppen zu Teilbevölkerungen von staatlich verfaßten Gesamtgesellschaften; diese Teilbevölkerungen, von der Mehrheitsbevölkerung unterschiedene ethnische Kollektive, sind Angehörige eines Volkes oder, wesentlich häufiger, Teile von Völkern, mit der Vorstellung gemeinsamer Herkunft, Zusammengehörigkeitsbewußtsein und Gemeinsamkeiten in Kultur und Geschichte. Eine kollektive Identität begründet sich zum einen auf einem Bewußtsein der Gruppe von sich selbst, zum anderen als Urteil und Zuschreibung von außen, d.h. durch andere Gruppen; ethnische Gruppen sind zunächst keine „wirklichen" Gruppen, sondern eher soziale Kategorien. Wirkliche Gruppen, z. B. durch gemeinsame Institutionen und Beziehungssysteme verbunden, sind Teil der ethnischen Gruppe und die ethnische Gruppe bietet vielfache „Chancen" zum Aufnehmen von Beziehungen, zur ethnischen „Vergesellschaftung" und „Vergemeinschaftung", auch für die Mobilisierbarkeit gemeinsamen Handelns (vgl. ebd. 55/57).

In Deutschland wird seit einigen Jahren die Entstehung und Festigung von ethnischen Minderheiten diskutiert. Auf Grund ihrer Größe, aber noch stärker wegen ihrer religiösen und kulturellen Traditionen, ist es bezüglich einiger Zugewandertengruppen (wie z.B. bei Zugewanderten aus der Türkei) wahrscheinlich, daß sie eine spezifische „ethnische“ Infrastruktur entwickelt. So belegt beispielsweise ihre Nutzung der Massenmedien, daß seit Anfang der 80er Jahre der Stellenwert muttersprachlicher Tageszeitungen und Fernsehkanäle gestiegen ist (vgl. Zentrum für Türkeistudien, 1994, 451 ff.; Sen/ Goldberg 1994, 118 ff.). Als ein Grund dafür werden schlechte Deutschkenntnisse der Zugewanderten angeführt, aber auch, daß spezifische Themen und Informationen dort eher aufgegriffen werden. Für die zweite Generation scheint dieses so nicht mehr zu gelten, wie neuere Untersuchungen zeigen.

Inwieweit die Betonung ethnisch-kultureller Identität (auf Seiten der Zugewanderten wie der Aufnahmegesellschaft) ein Integrationshindernis bildet, ist in der Wissenschaft nicht eindeutig geklärt. Einzelne empirische Ergebnisse bestätigen, daß z.B. islamisch-fundamentalistische Orientierungen unter türkischen Jugendlichen nachweisbar sind (vgl. Heitmeyer 1997). Dieses Ergebnis könnte, neben fehlender struktureller und sozialer Integration, auch aus spezifischen kulturellen Ambivalenzen im Eingliederungsprozeß resultieren: Identitätsbildung erfolgt dann nach einem Muster komplexitätsreduzierender, ethnisch-kultureller Entdifferenzierung. Es gibt auch Anzeichen, daß nicht ausreichende Integrationsangebote sowie das Gefühl von Diskriminierung die Abwendung von der bundesrepublikanischen Gesellschaft verstärken.

Die Feststellung von kulturell-ethnischer Differenz, die im Zusammenhang mit Migrations- und Integrationsprozessen zu beobachten ist, sollte in der gesellschaftspolitischen Diskussion weder ausgeklammert noch überbewertet werden. Es besteht allerdings die Gefahr, daß über die Instrumentalisierung von Kultur die Durchsetzung politisch-ideologischer Ziele (ethnokultureller Nationalismus, Fundamentalismus) angestrebt wird (vgl. Bukow 1996). Der latenten Ethnisierung sozialer Konflikte muß durch Verstärkung von Kommunikation, Dialog und Zusammenarbeit zwischen Handelnden mit unterschiedlichen kulturellen Hintergründen begegnet werden.

7 Integrationskonzepte und -modelle

Das vorliegende Kapitel möchte einige in Europa und den U.S.A. vorfindliche Integrationskonzepte und -modelle vorstellen, ihre Möglichkeiten und Risiken analysieren und zuletzt ihre Eignung für den deutschen Migrationskontext -vor dem Hintergrund der europäischen Einigung- diskutieren. „Integration“ ist ein komplexer, mehrdimensionaler Prozeß (strukturelle, soziale, kulturelle, identifikatorische Integration, vgl. 1.2). Da es vor allem *kulturelle* Aspekte der Integration sind, wie z.B. Fragen nach *der „Identität“* von Zugewanderten und Ansässigen[76], die sowohl in der Bundesrepublik als auch in anderen europäischen Ländern im Zentrum der öffentlichen Diskussion stehen, werden diese Aspekte vorrangig behandelt. Für die Situation in Deutschland besteht darüber hinaus Klärungsbedarf an der Stelle, wo sich kulturelle und politische Integration überschneiden, vor allem auf der Ebene der politischen Integration und der Staatsbürgerschaft, da hier bis heute noch eine „genealogische Begründung“ (vgl. Joppke 1999) der Staatsangehörigkeit erfolgt, die in ihrer Ausschließlichkeit sonst nur noch von Österreich und Griechenland ebenso rigide eingefordert wird. Im Mittelpunkt der internationalen Erfahrungen stehen die U.S.A. als „klassisches Einwanderungsland“ und Frankreich, daß als wichtigster europäischer Nachbarstaat eine Art „Gegenmodell“ verwirklicht.

7.1 Internationale Erfahrungen

Das französische Integrationsmodell wird gemeinhin als „Republikanische Integration“ bezeichnet. Sein wichtigstes Merkmal ist die grundlegende Unterteilung des Prozesses der Integration in eine *öffentliche* und eine *private* Sphäre. In bezug auf die öffentliche Sphäre wird von den Zuwandernden eine eindeutige Anpassungsleistung an die grundlegenden, politisch-rechtlichen Normen des Aufnahmelandes erwartet. Hierunter fallen vor allem der Re-

---

76 Sichtbarer Ausdruck dafür sind beispielsweise die öffentlichen Debatten um die Errichtung von Moscheen in Deutschland; die Frage, ob der Ruf des Muezzins vom Minarett ertönen darf, oder nicht; Fragen nach der "Überfremdung" Deutschlands durch Zuwanderung und Diskussionen um sog. "ethnische Kolonien", in denen sich die Zuwanderung besonders sichtbar manifestiert (wie z.B. in Berlin-Kreuzberg, Duisburg-Marxloh oder Köln-Keuppstraße).

spekt vor der öffentlichen Grundordnung sowie eine kulturelle Angleichung in dem Maße, in dem sie für das gleichberechtigte Zusammenleben von Einheimischen und Zugewanderten unabdingbar ist. Eine besondere Bedeutung kommt dabei der Beherrschung der Sprache des Aufnahmelandes zu. Auf der anderen Seite wird den Migranten genauso eindeutig in ihrer Privatsphäre die Bewahrung bestimmter ethnisch-kultureller Partikularitäten zugestanden, sofern diese nicht in Konflikt mit den für alle Staatsbürger verbindlichen, grundlegenden Normen des Aufnahmelandes geraten. Die Angehörigen der Aufnahmegesellschaft schulden den Einwanderern in diesem Modell Toleranz und Respekt für ihre im privaten Bereich (eventuell) unterschiedlichen Lebensweisen.

Schnapper (1994, 99) erinnert vor diesem Hintergrund daran, daß moderne Nationalstaaten auch ohne Zuwanderung de facto keine kulturell homogenen Gebilde sind: Vielmehr sind sie durch regionale, religiöse und schichtspezifische Unterschiede in sich selbst „kulturell" heterogen. Innerhalb der Grenzen von Nationalstaaten haben also immer schon verschiedene Lebensweisen existiert. Ein Grundgedanke, der auch von Meyer (1997, 43, 96 ff.) vertreten wird: er betont, daß es innerhalb der einzelnen Nationalstaaten verschiedene sozio-kulturelle Milieus und unterschiedliche „Zivilisationsstile" gibt (vgl. ebd., 98):

> „Sie unterscheiden sich weitgehend in ihrer Auffassung von Individualität und Gemeinschaft, Gleichheit und Ungleichheit, sozialer Regelung und Liberalität, Familie, Umwelt und Beruf".

Resümierend kommt auch Stuart Hall (1994, 207) zu dem Schluß:

> „West-Europa hat keine einzige Nation, die nur aus einem Volk, einer Kultur oder Ethnizität besteht. Alle modernen Nationen sind kulturell hybrid."

Perotti (1993, 53 ff.) betont zudem den ständigen Wandel, den

> „relationalen und dynamischen Charakter des sozialen Lebens und damit der Kultur",

dem letztere unterworfen ist. Welsch (1996, 16 ff.) spricht vor diesem Hintergrund nicht länger von „Kultur" sondern von *„Transkulturalität"*, um zu betonen, daß kulturelle Einheitlichkeit und Abgeschlossenheit dem empirischen Gehalt moderner Gesellschaften nicht entsprechen, sondern daß unser modernes Leben vielmehr von einer Vielfalt möglicher Identitäten gekennzeichnet ist.

Diese Sachverhalte sollten auch in den Debatten um Migration und Integration von Zuwanderern prinzipiell mehr Beachtung finden: Die Forderung nach Achtung von Unterschieden im privaten Leben stellt sich nämlich nicht nur vor dem Hintergrund von Zuwanderung, sondern sie ist grundlegende Basis für das Zusammenleben von Menschen unterschiedlicher sozialer, religiöser und regionaler Herkunft (Arme vs. Reiche, Katholiken vs. Protestanten vs. Atheisten[77], Ältere vs. Junge usw.) in einem jeden Staat überhaupt. Eine erfolgreiche Politik der Integration von Zuwanderern muß in Anbetracht dessen auch stets eine Politik des Dialogs und der Ermutigung zur Toleranz sein, die neben auf die Einwanderer abgestimmten Integrationsmaßnahmen auch die einheimische Bevölkerung beständig daran erinnert, daß der Erfolg der Integration der Zugewanderten zu einem Teil auch von ihr abhängt. Diese Forderungen an Zugewanderte und Einheimische ergeben sich aus verfassungsrechtlichen Grundsätzen, wie Oberndörfer (1994, 80/81) erläutert:

> „In der Republik wird die in allen Gesellschaften enthaltene kulturelle Vielfalt und Dynamik ausdrücklich verfassungsrechtlich geschützt. (...) Zur Freiheit der Kultur gehört die Freiheit der Weltanschauungen, des religiösen Glaubens und der religiösen Praxis, der künstlerischen Gestaltung und der individuellen Wahl bei der Aneignung kultureller Werte im weitesten Sinne. Kulturelle Freiheit bedeutet ferner, daß religiöse Überzeugungen und Werte von Minderheiten nicht nur geduldet, sondern von ihnen auch aktiv vertreten werden dürfen."

Ein solches Integrationsmodell[78] ist bereits langjährige Praxis in den Niederlanden, wo Zugewanderte, wie Penninx (1993, 93) ausführt

> „die gleichen Rechte und Möglichkeiten zur Ausübung ihrer kulturellen und religiösen Identität haben wie andere Gruppen in der niederländischen Gesellschaft",

sofern diese nicht den „Grundprinzipien" der niederländischen Gesellschaft widersprechen. In den Niederlanden folgte daraus als Maßnahme konkreter Politik (ebd., 92) die

> „Stärkung der (ethnischen) Organisierung der Einwanderer: oberste Priorität erhielten dabei Aktivitäten auf lokaler Ebene, die vom Ministerium für Wirtschaft, Gesundheit und Kultur über die Gemeindebehörden unterstützt werden"...

---

77 So ist z.B. nach der Wiedervereinigung in der Bundesrepublik die Stellung der Religion wieder zum Gegenstand intensiver, öffentlicher Auseinandersetzungen geworden, wie die Debatten um den "LER"-Unterricht an ostdeutschen Schulen zeigen. Auch die Diskussionen um das sog. "Kruzifix-Urteil" in Bayern legen nahe, daß die deutsche Gesellschaft auf religiös-weltanschaulicher Ebene in sich keinesfalls homogen ist.

78 Einen konkreten Vorschlag zur Ausarbeitung eines politischen Grundkonsenses in Hinsicht auf die deutschen Verhältnisse hat Günter Apel vorgelegt (Apel 1992, 99-107). Er beinhaltet als verbindliche Mindestforderung für Einheimische und Zuwanderer die Achtung vor der Menschenwürde; die Freiheit der Persönlichkeit, die Gleichheit aller vor dem Gesetz, die Glaubens-, Gewissens- und Religionsfreiheit, die Meinungsfreiheit, den Schutz der Familie, der Kinder und das Elternrecht; die staatliche Verantwortung für das Schulwesen und die demokratischen Grundlagen der staatlichen Ordnung.

Diese Maßnahmen wurden durch die gesetzliche Verankerung des Prinzips der Nicht-Diskriminierung und das kommunale Wahlrecht für Zugewanderte mit mindestens dreijährigem, legalem Aufenthalt ergänzt (ebd., 98).

„Diese deutlich sichtbare Existenz neuer Kulturen und Religionen hat zu Spannungen im öffentlichen Leben geführt, aber es werden in den meisten konkreten Fällen Kompromisse gefunden, die das friedliche Zusammenleben von Einwanderern und Einheimischen ermöglichen" (ebd. 102/103).

Vor dem Hintergrund von dauerhafter Migration ist also die Frage zu beantworten, welche potentiellen Gefahren einerseits, aber auch welche Gewinnmöglichkeiten andererseits aus einer kulturell pluralistisch ausgerichteten Gesellschaft, deren Zusammenhalt auf einem gemeinsamen politischen Grundkonsens beruht[79], erwachsen:

1. Einerseits können sich für eine Gesellschaft aus der Präsenz von Migranten und ihrer Eingliederung in dieselbe unter Bewahrung bestimmter, mit dem politischen Grundkonsens kompatibler, kultureller Eigenarten vielfältige Chancen ergeben. Vor dem Hintergrund der fortschreitenden Globalisierung, der wachsenden Bedeutung transnationaler Beziehungsnetze in Wirtschaft und Wissenschaft bietet sich durch die Präsenz von gut integrierten Zugewanderten, die über migrationsspezifische Zusatzkompetenzen verfügen (wie z.B. die intime Kenntnis der Sprache und Mentalität ihrer Herkunftsländer), die Möglichkeit, diese zugunsten der Einwanderungsgesellschaft einzusetzen. Dieses zeigen Erfahrungen traditioneller Einwanderungsländer und vor allem die U.S.A., wo die zwanglose Verbindung ethnischen Ursprungsidentitäten der Migranten und politisch verstandene „amerikanische" Identität (hyphernated American) schon seit langem gang und gäbe ist und zu deren Prosperität nachhaltig beigetragen hat.[80] In westlichen Ländern sind es insbesondere die Auslandschinesen,

79 Also auf einer Art Verfassungspatriotismus: „Im freiheitlichen Verfassungsstaat ist deshalb nicht die kulturelle Homogenität, sondern der Wille zur gemeinsamen demokratischen Ordnung das zentrale Moment politischer Integration." Vgl. Sutor 1995, 6.

80 Die Politisierung von „race" in emanzipatorischer Absicht seit den 60er Jahren führte dort allerdings zu einer starken Betonung „ethnischer Identität", die in darauf basierenden Gruppenforderungen (affirmative action) mündete. In den 90er Jahren ist zwar eine steigende öffentliche Ablehnung gegenüber ethnischen Präferenzen und Privilegien, auch in den Minderheitengruppen selbst, erkennbar, so daß die*Federal Commission for Immigration Reform* in ihrem Abschlußbericht zu einer Reform der Einwanderungspolitik die Bundesregierung auffordert, Einwanderer gezielt zu „amerikanisieren", was aber nicht bedeutet, den weißen Nativismus der Jahrhundertwende wiederzubeleben, sondern vielmehr, daß Einwanderer lernen sollen, *„andere Kulturen und ethnische Gruppen zu respektieren"* (vgl. Joppke 1999, 39).

die diesbezüglich modellhaft angeführt werden: einerseits sind sie weitgehend strukturell integriert (sie beherrschen die Sprache des Aufnahmelandes, gute Schulbildung etc.), andererseits haben sie bestimmte kulturelle Merkmale (traditionelle Familienbande und -solidarität, die chinesische Sprache etc.) bewahrt[81]. Bei Meyer (1997, 76) werden sie infolgedessen als ein Beispiel für „Weltstämme" bezeichnet, die durch ein Zusammenspiel von „kosmopolitischer Offenheit und ethnisch kultureller Geschlossenheit" charakterisiert seien. Er fährt fort: „Es zeigt sich mit der Zeit, daß diejenigen Gesellschaften in der Weltwirtschaft Erfolg haben werden, die bereit sind, die Weltstämme willkommen zu heißen, und diejenigen zurückfallen, die sich ihnen verschließen" (vgl. ebd., 79). Es wird also deutlich, daß bei einer entsprechenden Gestaltung von Migration und Integration Zuwanderung auch für Deutschland die Chance bietet, mittels interkultureller und transnationaler Kontakte neue Märkte zu erschließen und Zugang zu sozialen und technologischen Innovationen, die für den Wohlstand von entscheidender Bedeutung sein können, zu gewinnen. Migranten haben hier eine wertvolle „Brückenfunktion" und stellen eine potentielle Ressource dar, die in der Bundesrepublik bislang noch viel zu wenig erkannt ist und daher weitgehend ungenutzt bleibt[82].

2. Andererseits können sich im Rahmen einer „Republikanischen Integration", bei der Zugewanderten in ihrem Privatleben ausdrücklich eine gewisse kulturelle Eigenständigkeit zugestanden wird und nicht eine völlige, bis in das Privatleben hineinreichende Anpassung („Assimilation") an das Aufnahmeland abverlangt wird[83], auch Konflikte entstehen: Probleme ergeben sich dabei vor allem bei der genauen Definition der Trennlinie zwischen „privatem" und „öffentlichem" Leben. Wie die „Kopftuchaffäre" in Frankreich gezeigt hat, kann sie schnell zum Gegenstand erbitterter politischer Auseinandersetzung werden, die Zugewan-

81 Einen Überblick über die Situation chinesischer Migranten bietet die Ausgabe "The Chinese Diaspora in Western Countries" der Zeitschrift "Revue Européenne des Migrations Internationales", Band 8, Nr. 3, 1992 und darin insbesondere der Artikel von Kwok Bun Chan über "Ethnic Resources, Opportunity Structure and Coping Strategies: Chinese Business in Canada", ebd., S. 117-135.

82 „ (...) die niedergelassene Einwanderungsbevölkerung [baut] transnationale Netze auf, vor allem privilegierte Wege des Verkehrs und des Handels mit dem Herkunftsraum" (vgl. Angenendt/Fischer/Morokvasic 1994, 81).

83 Heckmann betont anhand historischer Beispiele (dänische Minderheit und "Ruhrpolen" zu Beginn des Jahrhunderts), daß ein übermäßiger Assimilationsdruck ohnehin wenig Aussicht auf Erfolg hat, sondern vielmehr eine verstärkte "ethnische" Abwehrhaltung provoziert (vgl. Heckmann 1995, 51).

derte und Mehrheitsgesellschaft gleichermaßen in Mitleidenschaft zieht[84]. Elementar ist hier die beiderseitige Kompromißbereitschaft, die das Ausarbeiten eines Konsens, der Zugeständnisse an beide Seiten -Einheimische wie Zugewanderte - beinhaltet, möglich macht.

Dieses Modell kann also nur funktionieren, wenn einerseits die Zugewanderten in Deutschland nicht von der Mehrheitsgesellschaft ausgegrenzt werden und wenn andererseits die Migranten bereit sind, bestimmte Anpassungsleistungen an einen politisch formulierten Grundkonsens zu erbringen (Respekt der freiheitlich demokratischen Grundordnung und der Menschenrechte, Trennung von Staat und Kirche, Gleichstellung von Mann und Frau in der Gesellschaft usw.) Aufgabe der Politik muß es daher sein, Tendenzen, die dem gemeinsamen politischen Grundkonsensus zwischen Zugewanderten und aufnehmender Gesellschaft zuwiderlaufen, Einhalt zu gebieten. In erster Linie sind hier zu benennen rassistische und xenophobe Handlungen seitens Angehöriger der Aufnahmegesellschaft und segregative, fundamentalistische, undemokratische Handlungsweisen seitens Zugewanderter.

7.2 Inländische Konzepte und Modelle

In der Bundesrepublik gilt die Einbürgerung bislang als „Abschluß eines gelungenen Integrationsprozesses". Damit werden implizit -neben erfolgter wirtschaftlicher und sozialer Integration- auch eine bereits abgeschlossene „kulturelle" und „identifikatorische" Integration von dem Einbürgerungsbewerber erwartet. In anderen europäischen Ländern, wie z.B. Frankreich, wird die Einbürgerung im Gegensatz dazu als eine Art Hilfestellung seitens des aufnehmenden Staates zur Erleichterung der Integration von Zuwanderern aufgefaßt.

84 Vgl. Perotti/Toulat 1990. Interessant an dieser Stelle ist, daß sich Diskussionen um das Tragen des islamischen Schleiers in staatlichen Schulen nicht allein auf europäische Einwanderungsländer beschränken, sondern in einer recht ähnlichen Weise auch in manchen islamischen Ländern stattfinden: so war z.B. auch in Ägypten Gegenstand der Debatte, ob Mädchen eine bestimmte islamische Kopf- und Gesichtsbedeckung (den niqâb) in der Schule tragen dürfen oder nicht (vgl. Bälz, 229-240); in der „laizistischen" Türkei ist es selbst gewählten Volksvertreterinnen der islamistischen Partei nicht gestattet, mit Kopftuch an einer Parlamentssitzung teilzunehmen. Die Frage nach der Rolle der Religion im Hinblick auf die Trennlinie zwischen öffentlicher und privater Sphäre ist also nicht migrationsspezifisch, sondern eine allgemeine und grundlegende in einer jeden Republik.

Die gegenwärtigen parteipolitischen Positionen im Hinblick auf die kulturelle Integration von Zuwanderern und ihren Stellenwert bei der Einbürgerung lassen sich wie folgt zusammenfassen[85]:

- CDU/CSU

  Die Integration der rechtmäßig und auf Dauer in Deutschland lebenden Ausländer (Eingliederung in das wirtschaftliche, soziale und kulturelle Leben) ist ein entscheidendes ausländerpolitisches Ziel. Etwa 47 v.H. der Ausländer in Deutschland leben hier schon seit mehr als 10 Jahren und mehr als zwei Drittel der ausländischen Kinder und Jugendlichen sind hier geboren. Da die meisten von ihnen für lange Zeit, teilweise auf Dauer, in Deutschland bleiben werden, gibt es für sie zur Integration keine überzeugende Alternative. Für die gleichberechtigte Teilnahme der in Deutschland lebenden Ausländer am gesellschaftlichen Leben sind ausreichende Sprachkenntnisse eine Grundvoraussetzung. Ein gelungener Integrationsprozeß erfordert nicht die Aufgabe der eigenen kulturellen Identität. Vielmehr muß Ausländern ein Freiraum für die Bewahrung der eigenen kulturellen Identität gewährleistet bleiben. Die Bewahrung der kulturellen Identität darf indes nicht zu einer selbstisolierenden Abwehrhaltung gegen deutsche Einflüsse führen. Die Integration setzt vielmehr die Respektierung der deutschen Kultur und der Grundwerte der Verfassung (Trennung von Staat und Kirche, gleichberechtigte Stellung der Frau, religiöse Toleranz), den Erwerb deutscher Sprachkenntnisse und die Eingliederung in Schule und Beruf voraus. *Am Ende eines gelungenen Integrationsprozesses kann die Einbürgerung stehen.* Erst die Einbürgerug macht den Ausländer zum Staatsbürger mit allen Rechten und Pflichten (z.B. Recht auf Zugang zum Beamtentum; Wahlrecht auf allen Ebenen). Mehrere Staatsangehörigkeiten können jedoch nur in Ausnahmefällen möglich sein, wovon die deutsche Verwaltungspraxis schon heute nicht selten Gebrauch macht."

- SPD

  „Integration ist kein einmaliger Akt, sondern ein stetiger Vorgang in der Gesellschaft, der -auf Basis von Gleichberechtigung und sozialer Gerechtigkeit, Offenheit und Bereitschaft zur Konfliktbewältigung- den Abbau gegenseitiger Vorurteile, aktives Handeln und entsprechende Leistungen der einheimischen und zugewanderten Bevölkerung voraussetzt; seitens der Zuwanderungswilligen sind eine demokratische Grundhaltung sowie

85 Nach Auskunft der jeweiligen Parteien im Jahr 1998.

Sprachkenntnisse notwendig. Ziel einer zukünftigen Integrationspolitik sollte die rechtliche Gleichbehandlung aller in der EU lebenden Menschen sein. Integrationsförderung kann u.a. auch durch Wohnungsbaupolitik geleistet werden: Sozialer Wohnungsbau und Stadtentwicklung müssen einen Beitrag zum Miteinander der Kulturen leisten. Weiterhin sind vorrangig: Chancengleichheit in Bildung und Ausbildung, Beteiligung am Erwerbsleben, Sprach- und Qualifikationsförderung (kostenlose Integrationsfördermaßnahmen). Die Einbürgerung sollte bei ausländischen Kindern mit der Geburt erfolgen, wenn ein Elternteil bereits in der Bundesrepublik geboren ist und über eine Aufenthaltserlaubnis verfügt; bei ausländischen Jugendlichen ist die Einbürgerung -unabhängig von der Aufgabe der bisherigen Staatsangehörigkeit- durchzuführen, wenn sie länger als 5 Jahre mit ihren auf Dauer hier lebenden Eltern die familiäre Lebensgemeinschaft teilen; bei allen Ausländern -unabhängig von der Aufgabe ihrer bisherigen Staatsangehörigkeit-, wenn sie 8 Jahre rechtmäßig in Deutschland leben, eine Aufenthaltserlaubnis besitzen, ihren Unterhalt selbst finanzieren und nicht wegen einer Straftat verurteilt sind. Mehrstaatigkeit sollte im Rahmen der Ermessensbetätigung vermieden werden."

- Bündnis 90/Die Grünen

  „Im Rahmen der Verfassung sind Niederlassungsberechtigte in allen wesentlichen Rechten, den Deutschen gleichzustellen. Dazu gehören die Rechte auf eigene Kultur, Religion etc. Vermehrte Hinnahme doppelter Staatsbürgerschaft zum Abbau faktischer und psychologischer Barrieren ist wünschenswert."

- F.D.P.

  „[Kulturelle Identität ist] im Rahmen der aktiven Zuwendung zu der bundesdeutschen Gesellschaft (Sprache) und ihrer Staats-, Rechts- und Wirtschaftsordnung gewährleistet. Das alleinige Abstammungsprinzips im Staatsangehörigkeitsrecht ist durch eine Mischung von Abstammungs- und Territorialprinzip zu überwinden."

- PDS

  „Integrationsbereitschaft ist von Deutschen wie Ausländern zu fordern. Angebliche kulturelle Unterschiede dürfen nicht auf bestimmte Ausländergruppen projiziert werden. Staatlicherseits muß alles unterlassen werden, was solche Konstruktionen argumentativ unterstützt (z.B. die Begründung des Ausländergesetzes von 1991). Kulturelle Identität darf nicht als Abgrenzungsmerkmal gegenüber anderen Identitäten definiert werden. Doppelstaatsangehörigkeiten sind anzuerkennen."

Wie aber diese Prämissen in konkrete Politik umgesetzt werden sollen, ist noch weitgehend offen. Heckmann und Tomei (1997, 61) kommen zu folgendem Schluß:

„Trotz der häufigen Verwendung des Wortes *Integration* in Deutschland kann man von einer entwickelten und konsistenten Konzeption, zumindest in Hinsicht auf die ethnischen Aspekte des Integrationsprozesses, nicht sprechen".

Die Bundesrepublik steht also vor der Aufgabe, ein konkretes Integrationsmodell auszuarbeiten, um die bestehende „Leitbildunsicherheit" (Heckmann/ Tomei) zu verbessern. Um ein -auch vor dem Hintergrund der europäischen Einigung- zukunftsfähiges Konzept entwickeln zu können, ist es naheliegend, die Erfahrungen in europäischen Nachbarländern dabei zu berücksichtigen.

Wie oben beschrieben wurde, sind die beiderseitigen Anforderungen, die bei dem Modell der „Republikanischen Integration" an Zugewanderte und die sie aufnehmende Gesellschaft gestellt werden, besonders bedeutsam. Sie lassen sich anschaulich am Beispiel der sog. „ethnischen Kolonien" verdeutlichen.

Als solche bezeichnet man in der Migrationsforschung „ethnische Beziehungsstrukturen und Organisationen unterschiedlicher institutioneller Vollständigkeit" (vgl. Heckmann/Tomei 1997, 35). Vielfach stoßen „ethnische Kolonien", in denen ein Teil der Spezifizitäten der Einwanderer sichtbar werden, auf die harsche Ablehnung durch die Mehrheitsgesellschaft (Xenophobie). So ist die jüngste deutsche Geschichte von fremdenfeindlichen Gewalttaten überschattet, bei denen „sichtbare" Migranten oder ihre Einrichtungen (Wohnungen, Geschäfte, Asylbewerberheime etc.) tätlich angegriffen worden und zu Schaden gekommen sind. Derartige Ereignisse werden -zu Recht- von den Medien herausgestellt. Demgegenüber verläuft aber die „Binnen"- oder „Stille" Integration" auf lokaler Ebene weitgehend verborgen von der Aufmerksamkeit der Medien und der Beachtung durch die Mehrheitsgesellschaft. Forschungsergebnisse aus Frankreich zeigen, daß sich -weitgehend unbemerkt von der Öffentlichkeit- auf der nachbarschaftlichen Ebene nach und nach Beziehungen und Kontakte herausbilden können, die in einer längerfristigen Perspektive die schrittweise Eingliederung der in „ethnischen Kolonien" lebenden Migranten in die Aufnahmegesellschaft ermöglichen (vgl. Jedynak 1993, 28). „Ethnische Kolonien" sind also nicht zwangsläufig Orte der Abschottung der Migranten von der Mehrheitsgesellschaft:

Unter günstigen Umständen stellen sie ganz im Gegenteil eine Umgebung dar, die es ihnen unter Umgehung von sog. „Kulturschock-Phänomenen“ ermöglicht, sich nach und nach in die neue Umgebung einzugliedern. Dieser Mechanismus des schonenden Übergangs ist in der Migrationssoziologie mit dem Begriff „Binnenintegration“ bezeichnet worden (vgl. Elwert 1982, 717 ff.). „Binnenintegration“ und Xenophobie schließen sich aber gegenseitig aus: fühlen sich Zugewanderte von der Aufnahmegesellschaft ausgegrenzt, unerwünscht und diskriminiert, können „ethnische Kolonien“ zu Orten des Rückzuges, der Flucht in eine partikulare Identität werden, die sich von der Mehrheitsgesellschaft bewußt und nachhaltig absetzt und so zu einer langfristigen Segregation zwischen „Alteingessenen“ und Zugewanderten führt.[86]

Welche Maßgaben ergeben sich aus diesen Beobachtungen für das konkrete politische Handeln? Nach Ansicht von Experten, die an einer Öffentlichen Anhörung der *Enquete-Kommission Demographischer Wandel des Deutschen Bundestages* zu „Kommunalen Integrationskonzepten“ am 11. November 1996 in Bonn teilgenommen haben, sind aus kommunaler Sicht folgende Aspekte besonders bedeutsam: betont wird die Notwendigkeit von Mitbestimmungs- und Beteiligungsrechten von Migrantengruppen auf kommunaler Ebene; eine tragende Rolle kommt auch der Anstellung von Personen mit interkultureller Kompetenz in der Verwaltung und bei der Polizei zu, die Verständigungsschwierigkeiten und Informationsdefizite reduzieren helfen können; bezüglich eventueller Streitfragen zwischen Einheimischen und Zugewanderten (z.B. wenn es um die Errichtung einer Moschee im Stadtviertel geht) wird empfohlen, diesen Anliegen mit kritischer Offenheit zu begegnen und den Dialog mit beiden Seiten zu suchen; besondere Maßnahmen sollten zur Förderung der Integration von Frauen und Mädchen, Kindern und Jugendlichen sowie älteren Menschen in die Wege geleitet werden; auch der Förderung von Migrantenvereinen nach niederländischem Vorbild -im Zusammenhang ihrer Vernetzung mit städtischen Institutionen- könnte eine integrationsförderliche Wirkung entfalten; eine zu weitreichende Entwicklung „ethnischer Wohnviertel“, die zu einer Ghettoisierung führt, wird eher negativ beurteilt: daher wären innerstädtische Quotierungen des Zuzugs denkbar; gleichzeitig wird wiederholt auf die Notwendigkeit der Akzeptanz der kultu-

86 Vgl. hierzu auch die klassische Studie von Thomas/Znaniecki, die feststellten, daß ethnische Gruppenbildung den Aufprall der Migranten in der neuen Gesellschaft abfedern konnte. Es werden dort wichtige materielle und symbolische Ressourcen bereitgestellt. Im Kontext einer unideologischen Politik wirkte sie letztlich assimilatorisch, die Ethnizität der Migranten schrumpfte schließlich zu bloß „symbolischer Ethnizität“, welche sich mit ethnisch anonymen politischen Konzepten von Nation und Staatsbürgerschaft ergänzt (vgl. Joppke 1999, 40).

rellen Einflüsse der Zuwanderer hingewiesen und auf die Aufgabe, Diskriminierungen der Zugewanderten in der Nachbarschaft (z.B. bei der Wohnungs- und Arbeitsplatzvergabe, in Gaststätten etc.), entgegenzuwirken.[87]

Für die politisch-rechtliche Integration ist jedoch der Wandel des deutschen Selbstverständnisses, weg von „ethnisch-völkischen" hin zu „republikanischen" Prämissen[88], notwendige Voraussetzung. Dieser ist nicht allein aufgrund der statt gefundenen und zukünftig voraussichtlich auch weiterhin erfolgenden Zuwanderungen und der daher veränderten Zusammensetzung der Bevölkerung nach Herkunft, Kultur etc. geboten, sondern auch vor dem Hintergrund der europäischen Einigung und der Stellung Deutschlands in der Weltgemeinschaft. Der Grundstein dazu ist durch die Reform des Ausländerrechts im Jahre 1990 bereits gelegt worden, da seitdem eine Regeleinbürgerung bei Erfüllung bestimmter Voraussetzungen vorgesehen ist. Damit wurde das bislang dominierende ius sanguinis-Prinzip, demzufolge nur Deutscher ist, wer von Deutschen abstammt, erstmals deutlich aufgelockert. Um diese Reform nun konsequent weiterzuführen, bedarf es, wie Heckmann/Tomei (1997, 36) zu Recht betonen, zusätzlich auch in der deutschen Öffentlichkeit des „Bildes eines Deutscher oder einer Deutschen, die nicht deutscher Herkunft sein müssen". Dies zu erreichen sei eine vorrangige Aufgabe der Politik und der deutschen Mehrheitsgesellschaft. Denn vielfach stoßen auch Migranten, die durch Einbürgerung Deutsche geworden sind, noch auf eine breite Ablehnung durch die einheimische Bevölkerungsmehrheit, die es ihnen maßgeblich erschwert, ein Gefühl der Zugehörigkeit zur Bundesrepublik Deutschland zu entwickeln[89]. Dieser Umstand ist auf den Fortbestand eines „völkischen Nationalismus" (Oberndörfer 1992, 23) oder einer „besonders starken ethnischen Verankerung der politischen Kultur" (Rittstieg) in der Bundesrepublik zurückzuführen, der noch in vielen Köpfen -zumeist unbe-

---

87 Vgl. Stellungnahmen zur Anhörung, in: Enquete-Kommission Demographischer Wandel (1997)

88 Vgl. Brubaker (1994, 24).

89 Birnbaum erläutert vor diesem Hintergrund, daß: "As bearers of another culture, immigrants are believed to be incapable of integrating into German culture which is transmitted more or less biologically" (Birnbaum 1992, 382). In der empirischen Praxis deutlich wurde dieses Phänomen in einer international-vergleichenden der Befragung von eingebürgerten Migranten aus dem sub-saharischen Afrika: während sie sich in Frankreich gern und häufig als "Franzosen" bezeichneten, waren vergleichbare Aussagen von in der Bundesrepublik eingebürgerten Migranten kaum anzutreffen gewesen. Letztere wiesen vielmehr auf die verbreitete Ablehnung durch die Mehrheitsgesellschaft hin: für manche Migranten war diese Ablehnung ein wesentlicher Grund dafür, von einer Einbürgerung sogar in den Fällen abzusehen, in denen ein Rechtsanspruch auf sie besteht (vgl. Nebel 1998).

wußt- verankert ist. Die zwingende Notwendigkeit eines umfassenden Lernprozesses für die Deutschen zeichnet sich ab:

„Die notwendige Aufgabe der politischen und sozialen Integration der Zuwanderer kann nur durch den Verzicht auf das überlieferte ethnisch-völkische Staatsverständnis und die Rückbesinnung auf die in den Grundwerten des Grundgesetzes angelegte Idee der offenen Republik bewältigt werden. Eine klare Antwort auf alle Forderungen nach kultureller Integration gibt das Grundgesetz. Die Republik erkennt prinzipiell alle Menschen ohne Anschauung ihrer Herkunft und Kultur als potentielle Staatsbürger an" (vgl. Oberndörfer 1992, 25/26).

„Erfolgreiche Integration der Migranten ist zudem von eminenter Wichtigkeit für die Integration Deutschlands in Europa und für seine Stellung und sein Ansehen in der internationalen Gemeinschaft" (ebd., 81).

Tatsächlich ist kaum vorstellbar, wie sich Deutschland in der Zukunft Europas als (ethnisch-völkisch) homogenes Land behaupten möchte. Ein solches Selbstverständnis ist nicht zeitgemäß und den Anforderungen einer sich globalisierenden Welt in längerfristiger Perspektive nicht gewachsen: vor dem Hintergrund der europäischen Einigung stellt das Modell der Republikanischen Integration, die nicht auf ethnisch-völkischen Prämissen, sondern auf einem politischen Grundkonsens beruht, ein zukunftsweisendes Modell dar, das den Anforderungen der bevorstehenden Zeit Rechnung trägt, denn

„(n)ach Art. F 1 des Vertrages über die Europäische Union (EUV) respektiert die Union die 'nationale Identität ihrer Mitgliedstaaten'; dieser Grundsatz in Verbindung mit dem Prinzip der kulturellen Verschiedenheit [stellt] gleichzeitig eine Garantie für eine 'multikulturelle Gesellschaft' in Europa" [auf]. (Vgl. Bleckmann 1997, 265-69)

Konkret bedeutet dies, daß das Recht, die eigene Kultur(en) im Prozeß der europäischen Einigung geschützt und respektiert zu wissen, nur mit einer gleichzeitigen Toleranz kultureller Eigenständigkeiten anderer Kulturen einhergehen kann; dieses ist bei Zugewanderten, vor allem auch im Hinblick auf die sog. „Drittstaatler", d.h. Migranten aus Nicht-EU-Ländern, von Bedeutung. In Frankreich und Großbritannien leben bereits eine große Zahl Migranten aus den ehemaligen Kolonialländern (Indien, Pakistan, Algerien, Senegal, um nur einige zu nennen), die durch den Erwerb der französischen und britischen Staatsbürgerschaft gleichzeitig auch zu Bürgern der Europäischen Union geworden sind. Damit sind aber auch Teile ihrer afrikanischen und asiatischen Herkunftskulturen zu einem festen Bestandteil des europäischen Kulturspektrums geworden. An diesem Beispiel wird deutlich, daß sich „mit der fortschreitenden Integration der Gemeinschaft die Folgen einer Zuwanderung nicht mehr auf ein Land begrenzen" lassen (vgl. Brinkmann 1994, 111). Infolgedessen betont das „Europäische Parlament die Notwendigkeit einer

Harmonisierung der Einwanderungspolitik auf europäischer Ebene“ (vgl. van Outrive 1994, 31). Hier gilt es schon heute in Deutschland die Weichen für ein vereinigtes Europa zu stellen und die zukünftige Integration von Migranten -als zukünftige europäische Staatsbürger- in einer Weise zu gestalten, die Widersprüche zu den vorherrschenden Integrationsmodellen in den europäischen Nachbarländern möglichst vermeidet.

8 Bewertung und Schlußfolgerungen

8.1 Zusammenfassende Bewertung der zentralen empirischen Tatsachenfeststellungen

Die Bundesrepublik Deutschland verzeichnete seit ihrem Bestehen -auch im internationalen und europäischen Vergleich- starke Wanderungsbewegungen: als Resultat ergab sich eine hohe Nettozuwanderung. Diese ist sowohl bei Betrachtung des Außenwanderungssaldos festzustellen wie auch dann, wenn man den Anteil der in Deutschland lebenden Bevölkerung betrachtet, die im Ausland geboren ist. Dieser beträgt 1997 -nach Auswertung des SOEP- etwa 9,5 v.H. der Gesamtbevölkerung.

In Anbetracht dieser hohen Nettozuwanderung kann man von einer überwiegend guten Bewältigung der entstandenen Integrationsbedürfnisse durch die bundesrepublikanische Aufnahmegesellschaft sprechen. Eine politisch-rechtliche Integration steht für eine große Zahl der Zugewanderten mit ausländischer Staatsangehörigkeit jedoch bislang aus.

Auch die Zuwanderung von Asylbewerbern und Flüchtlingen ist gut „verkraftet“ worden. Bei anderen rechtlichen Rahmenbedingungen, insbesondere einer legalen Zugangsmöglichkeit zum Arbeitsmarkt, war bis Mitte der 80er-Jahre die Sozialhilfeabhängigkeit von Asylbewerbern viel geringer. Asylbewerber und Flüchtlinge haben ein stark polarisiertes Qualifikationsprofil: unter ihnen gibt es viele wenig Qualifizierte, aber auch viele höher Qualifizierte. Vergessen werden darf in diesem Zusammenhang aber nicht, daß Zuwanderung nach Deutschland immer auch Abwanderung aus anderen Ländern bedeutet: gerade bei hochqualifizierten Asylbewerbern sind langfristig nachteilige Auswirkungen für Wirtschaft und Gesellschaft der Herkunftsländer der Migranten („brain-drain“) feststellbar; sie hat andererseits aber auch eine „Ventilfunktion“ für diese Länder. Insofern es zu Rückwanderungen kommt, ist auch eine Erhöhung der Humanressourcen der Herkunftsländer durch die Rückwandernden gegeben.

Der Familiennachzug ist in Ländern, in die in der Vergangenheit Arbeits- und Fluchtwanderungen erfolgt sind, hoch und aus völker-, europa- sowie verfassungsrechtlichen Gründen nur eingeschränkt steuerbar. Bei bestehendem hohen Ausländeranteil in der Bevölkerung ist mit einem hohen Familiennachzug zu rechnen.

Die Zuwanderung erhöhte bis Ende der 80er-Jahre kaum die inländische Arbeitslosigkeit und hatte nur einen geringen Effekt bezüglich der Höhe der erzielten Löhne. In den letzten Jahren ist dieses Ergebnis nicht mehr eindeutig festgestellt worden. So war die hohe Zuwanderung zwischen 1988 und 1997 gleichzeitig zu verzeichnen mit einer steigenden Arbeitslosigkeit, insbesondere auch der ausländischen Bevölkerung, bis 1993 allerdings bei insgesamt steigender Beschäftigung. Es unterscheiden sich nach wie vor die Beschäftigungsfelder der Neuzugewanderten von denen der bereits Ansässigen. Es entstehen zum Teil auch neue Beschäftigungsfelder, getragen insbesondere auch durch kleine Selbständige. Sofern Zugewanderte legal und sozialversicherungspflichtig beschäftigt sind, können positive Effekte für die Finanzierung der Sozialversicherungssysteme nachgewiesen werden.

Zuwanderung wirkt sich dann wesentlich auf die Altersstruktur der Wohnbevölkerung aus, wenn sie hoch ist und wenn die Zugewanderten eine besonders „junge" Altersstruktur haben. Eine Abfederung des demographischen Wandels in Deutschland durch Zuwanderung ist möglich. Eine „optimale" Zuwanderungsgröße gibt es jedoch nicht: es ist stets von neuem zu bewerten, welche Auswirkungen die Zuwanderung hat. Ein Zuwanderungssteuerungsgesetz könnte die Planung der sich ergebenden Integrationserfordernisse verbessern. Ein soziales Flankieren von Migration -sowohl für die Migranten wie für die einheimische Bevölkerung- ist unabdingbar.

In Zeiten der Globalisierung können Migranten eine „Mittler"-Rolle zwischen ihren Herkunftsländern und Deutschland einnehmen; daher ist es wichtig, welchen Eindruck von Deutschland sie in ihre Herkunftsländer transportieren: ein positives Deutschlandbild, welches entsprechende Erfahrungen während ihres Aufenthaltes voraussetzt, kann sowohl bei der Erschließung von Märkten helfen als auch internationale Zusammenarbeit fördern. In diesem Zusammenhang haben auch die Aufenthalte zu Bildungs- und Ausbildungszwecken (z.B. im Rahmen der Entwicklungshilfe) eine besondere Bedeutung.

Im Selbstverständnis Deutschlands als eine pluralistische Demokratie sollten kulturellen Homogenitätsvorstellungen keine Bedeutung haben. Verschiedentlich geäußerte Befürchtung eines Verlustes von „deutscher" Identität bei weiterer Öffnung gegenüber der Vielfalt der Weltkulturen steht in Gefahr, die Migrationsrealität zu instrumentalisieren: als Ventil für „soziale" Desintegration oder Vorwand im politischen Machtkampf. Die aktive Werbung um eine „offene" Republik ist eine der zentralen Aufgaben von Integrationspolitik.

8.2 Schlußfolgerungen für eine Migrations- und Integrationspolitik[90]

Der Verantwortung für ein friedliches und gleichberechtigtes Miteinander hat Politik Rechnung zu tragen: dafür ist ein klares Integrationsangebot und die grundlegende Akzeptanz der Zuwanderungsrealität erforderlich.

Migranten sind allerdings auch die Erwartungen, die das Aufnahmeland Deutschland gegenüber allen seinen Bürgern hat, insbesondere die Respektierung der bestehenden demokratischen Kultur, zu verdeutlichen sowie die sich bei einem Aufenthalt in Deutschland ergebenden Notwendigkeiten, z. B. Spracherwerb.

Das Recht auf politisches Asyl und der Aufenthalt aus humanitären Gründen in Deutschland dürfen nicht zur Disposition gestellt werden. Leider hat auch das Bundesverfassungsgericht im Urteil zur Änderung des Artikel 16 GG die Regelungen bezüglich „sicherer Herkunftsstaaten“ bestätigt, so daß es heute *faktisch* keinen Anspruch auf politisches Asyl mehr gibt. Die Fluchtursachenbekämpfung vor Ort hat auch daher einen zentralen Stellenwert in der Migrationspolitik zu erhalten. Für in Deutschland lebende Flüchtlinge ist der Aufenthalt sozial zu flankieren und -auch aus entwicklungspolitischen Erwägungen- Qualifikationserwerb zu verstärken. Die Aufhebung des faktischen „Arbeitsverbotes“ während des Asylverfahrens ist nicht nur ökonomisch vernünftig, sondern besonders aus humanitären und integrationspolitischen Gründen unabdingbar.

Ein „Zuwanderungssteuerungsgesetz“ wird Fluchtwanderungen gegenüber weitgehend wirkungslos sein: alle anderen Migrationsformen (und diese machten zuletzt wieder über 85 v.H. der gesamten Zuwanderung aus) könnten dort allerdings einbezogen werden. Ein solches Gesetz kann zu einer größeren Berechenbarkeit der Integrationsanforderungen an Staat und Aufnahmegesellschaft beitragen und den Zuwanderern verläßliche Rahmenbedingungen setzen.

Unabhängig von der Frage, ob und welche Zuwanderung in Zukunft erfolgen wird, sind die Bemühungen um Integration der auf Dauer in Deutschland lebenden Migranten zu verstärken und ihnen Perspektiven zu eröffnen. Eine besondere Bedeutung haben dabei auch die Kommunen, die Kirchen und andere gesellschaftlicher Gruppen. Die öffentliche Hand sollte die so-

90 Diese Schlußfolgerungen bildeten auch die Grundlage einiger von der Enquete-Kommission Demographischer Wandel des Deutschen Bundestages aufgenommener „Forderungen an die Politik“, vgl. diess. „Zweiter Zwischenbericht“ (Bonn 1998).

ziale Integration durch die Förderung von Organisationen, Vereinen und Aktivitäten mit ethnisch-gemischter Zusammensetzung unterstützen. Auch durch Stadtentwicklungs- und Wohnungsbaupolitik kann Integration gefördert werden; die Unsicherheiten und Ängste, die mit Gemeinschaftsunterkünften für Asylsuchende verbunden sind, sowohl in der Bevölkerung wie auch bei den Bewohnern selbst, sollten ernst genommen werden. Dem ist verstärkt durch Dialog zwischen Asylsuchenden, Anwohnern und Behörden Rechnung zu tragen; konfliktmindernde Alternativen sind zu ermöglichen.[91]

Im Bildungssystem empfiehlt sich die Eingliederung der Kinder aus Migrantenfamilien in Regelklassen: ein ethnisch separiertes Bildungssystem kann zu Benachteiligungen und ethnischen Segmentationen führen. Die Förderung der Eingliederung ist durch Verbesserung ihrer Sprachkenntnisse und Bildungsvoraussetzungen zu erreichen, z.B. durch Vorschulklassen, wenn keine Kinderbetreuungseinrichtungen besucht wurden[92], oder in Grundschulen mit zusätzlichem Angebot. Die Ausweitung interkultureller Kompetenz bei Beschäftigten in Bildung und Betreuung (Kindergärten und Schulen) ist aber ebenso nötig. Für erwachsene Zugewanderte sollten Sprach- und Integrationskurse eingerichtet werden, wie sie zum Beispiel in den „Immigration Centers" in Israel bestehen oder in den Niederlanden obligatorisch sind. Information und Beratung hinsichtlich beruflicher Qualifikationsmaßnahmen sollte für Zugewanderte verstärkt werden.

Eine unbeschränkte Arbeitserlaubnis für alle, die sich legal in Deutschland aufhalten, dürfte den entscheidenden Beitrag zur strukturellen und sozialen Integration leisten; das SGB III sowie die gegenwärtige Arbeitsgenehmigungspraxis steht dem entgegen und schafft extrem ungleiche Bedingungen für die meisten Neuzuwanderer aus Drittstaaten. Förderprogramme mit bestimmten ethnischen Quoten (z.B. „affirmative action") haben sich international (z.B. in den U.S.A.) nur vorübergehend bewährt. Es sollten Wege geöffnet werden, die strukturelle Unterrepräsentanz von Migranten in wesentlichen Bereichen des öffentlichen Dienstes abzubauen.

Die rechtlichen Rahmenbedingungen müssen generell einen gesicherten Aufenthalts- und Arbeitsmarktstatus für dauerhaft in Deutschland lebende Ausländer ermöglichen und dadurch ihre Lebensplanung erleichtern. Eine rechtliche Gleichbehandlung der Wohnbevölkerung in der EU ist notwendig.

---

91 So ist zum Beispiel München dazu übergegangen, möglichst durchgängig dezentrale Unterbringungen von Asylbewerbern zu ermöglichen.

92 Die lange Jahre zu beobachtende niedrige Beteiligung von Kindern ausländischer Staatsangehöriger in vorschulischen Kinderbetreuungseinrichtungen scheint in der zweiten Hälfte der 90er-Jahre -zumindest regional- überwunden: im größten Bundesland NrW ist 1998 im landesweiten Durchschnitt eine Beteiligung von über 80 v.H. erreicht worden.

Ernsthaft ist zu prüfen, inwiefern der vom Europaparlament in seiner Entschließung vom 17. Februar 1998 (A4-0034/98) geforderte Prozeß der Legalisierung des aufenthaltsrechtlichen Status *illegaler* Einwanderer in den Mitgliedsstaaten der EU auch in der Bundesrepublik Deutschland umgesetzt werden kann: zu einem Stichtag (z.B. zum 1.1.1999) sich illegal in der Bundesrepublik Deutschland aufhaltenden Personen wäre so ein legaler aufenthaltsrechtlicher Status einzuräumen.

Für alleinstehende ältere Migranten der ersten Generation ist das sozialintegrative Angebot (Tagesstätten u.ä.) zu nutzen und auszubauen, da diese Gruppe oftmals ohne weitere verwandtschaftliche Bezüge in Deutschland verblieb und daher besonders von Isolation im Alter bedroht ist. Die Verbesserung der Situation älterer Migranten ist verbunden mit der entsprechenden Gestaltung der übergeordneten Rahmenbedingungen der Migrationspolitik. Dazu gehören u.a. aufenthaltsrechtliche Bestimmungen: So muß bezüglich der Rückkehr ins Heimatland eine freiwillige und reversible Entscheidung gesichert werden. Zur Unterstützung von Pendlern mit ausländischer Staatsangehörigkeit wäre z.B. ein Dauervisum denkbar.

Die neue Bundesregierung plant nun, das Einbürgerungsverfahren zu vereinfachen, insbesondere durch Verkürzung der Fristen des vorgängigen Aufenthaltes eines einbürgerungswilligen Ausländers und der Ersetzung von Ermessensvorschriften durch Anspruchstatbestände. Für in der Bundesrepublik Deutschland geborene Kinder ausländischer Staatsangehöriger ist die in Aussicht gestellte Zubilligung der deutschen Staats*an*gehörigkeit mit der Geburt sicherlich eine Integrationshilfe, insbesondere auch mit Blick auf ihre identifikatorische Integration. Das deutsche Staatsangehörigkeitsrecht wird insofern um weitere Elemente eines „ius soli" (im Sinne des Geburtsortprinzips) ergänzt, was auch im Hinblick auf eine europäische Harmonisierung der Regelungen der Staatsangehörigkeit zu begrüßen ist. Die zunächst beabsichtigte vermehrte Hinnahme von doppelten Staatsangehörigkeiten ist aller Voraussicht nach (zumindest vorläufig) durch die Unterschriftenaktion der CDU/CSU gestoppt worden: irrational nicht zuletzt deshalb, da schon in der Gültigkeit des bisherigen Ausländergesetzes in etwa ein Drittel der Einbürgerungen Mehrfachstaatsangehörigkeiten hingenommen werden. In den meisten EU-Staaten ist der Verzicht auf die vorhergehende Staatsangehörigkeit bei Einbürgerungen nicht üblich.[93]

Migranten sollten verstärkt Möglichkeiten zur Bewahrung ihrer kulturellen Identität erhalten. Mehrsprachigkeit und Mehrkulturalität sind der In-

93 So ist die doppelte Staatsbürgerschaft im Vereinigten Königreich, in Frankreich, den Niederlanden, in Belgien, in der Schweiz, in Griechenland, in Portugal und in Irland üblich.

tegration nicht abträglich und bilden darüber hinaus auch wichtige Schlüssel zu einer sich globalisierenden Politik, Wirtschaft und Gesellschaft. Der Verzicht auf diese Ressourcen in Folge einer imaginären, kulturellen Homogenität wäre ökonomisch unvernünftig und gesellschaftlich verarmend. Migrantenvereine, deren Aktivitäten zur Binnenintegration und nicht zur Verstärkung ethnischer Unterschiede und Segregation beitragen, sollten in die Integrationsarbeit einbezogen werden. Muttersprachlicher Unterricht und beispielsweise islamischer Religionsunterricht, sofern von den jeweiligen Migrantengruppen gewünscht, sollten von in Deutschland ausgebildeten Lehrkräften in der Verantwortung staatlicher Institutionen angeboten werden.

Entscheidend ist darüber hinaus aktives Handeln der einheimischen wie der zugewanderten Bevölkerung zum Abbau gegenseitiger Vorurteile. Dazu sind Offenheit und Bereitschaft zu gemeinsamer Konfliktbewältigung notwendig. Einheimische und Zugewanderte schulden sich gegenseitig Respekt (eventueller) kultureller Unterschiede. Es sollte in der Bundesrepublik Deutschland ein für Einheimische und Zugewanderte verbindlicher Konsens der kulturellen Integration im Rahmen der Werteordnung des Grundgesetzes formuliert werden (vgl. Anmerkung 78). Dazu gehört allerdings auch eine in allen Lebensbereichen möglichst umfassende Gleichbehandlung. Es ist wahrscheinlich, daß hierzu, wie in anderen EU-Ländern, ein Antidiskriminierungsgesetz nötig ist. Staat, Politik und Gesellschaft müssen der Bekämpfung von Vorurteilen und Rassismus höchste Priorität geben. Dies gilt insbesondere auch der Bekämpfung von Diskriminierungen in allen Bereichen des täglichen Lebens.

Die kommunalen Ausländerbeiräte sind im Rahmen der bestehenden Kommunalverfassungen weiter zu entwickeln. Einzelnen ethnischen Gruppen ist ein ihrem Anteil an der ausländischen Bevölkerung entsprechender Proporz (z.B. in Leitungsgremien oder bei der Bestellung sachkundiger Bürger) zu sichern. Wie in der Mehrzahl der EU-Staaten bereits vorgesehen, sollte die Erweiterung des kommunalen Wahlrechts auch auf Zugewanderte aus Drittstaaten, die sich dauerhaft in Deutschland aufhalten, spätestens nach fünf Jahren gewährt werden.[94]

---

94 In Dänemark und Schweden ist diese nach drei Jahren der Fall, in Finnland nach zwei Jahren, in Irland ohne Mindestaufenthalt, in den Niederlanden nach fünf Jahren; in Portugal ist dieses bei bestimmten Ländern, in Spanien bei bestimmten Ländern auf der Basis der Gegenseitigkeit, im Vereinigten Königreich bei Commonwealth-Staaten vorgesehen

9 Quellen- und Literaturverzeichnis

Allgemeine Bevölkerungsumfrage der Sozialwissenschaften (ALLBUS) 1982-1994, Köln o.J. (Zentralarchiv für empirische Sozialforschung, Codebuch, ZA-Nr. 1795)

Allgemeine Bevölkerungsumfrage der Sozialwissenschaften (ALLBUS) 1996, Köln o.J. (Zentralarchiv für empirische Sozialforschung, Codebuch, ZA-Nr. 2800)

Altvater, E. (1996), Globale Verteilungskonflikte, in: Haedrich, M./Ruf, W. (Hrsg.), Globale Krisen und europäische Verantwortung - Visionen für das 21. Jahrhundert, Baden-Baden

Angenendt, S./Fischer, A./Morokvasic, M. (1994), Die Ost-West-Wanderungen als Thema der politischen Debatten in Frankreich und Deutschland, in: Morokvasic, M./Rudolph, H. (Hrsg.), Wanderungsraum Europa: Menschen und Grenzen in Bewegung, Berlin

Antwort der Bundesregierung vom 20. Oktober 1995 auf die schriftliche Frage der Abg. B. Lange (SPD), BT-Drs. 13/2801

Antwort der Bundesregierung vom 4. Juni 1996 auf die schriftliche. Frage der Abg. J. Hoffmann (SPD), Bt-Drs. 13/4819

Antwort der Bundesregierung (1996) auf die Große Anfrage der Fraktion Bündnis 90/Die Grünen „Situation der Bundesrepublik Deutschland als Einwanderungsland“, Bt-Drs. 13/5065

Antwort von Staatsminister Hoyer auf eine mündliche Anfrage der Abg. Sonntag-Wolgast (SPD), Deutscher Bundestag, Plenarprotokoll 13/115, 10307

Apel, G. (1992), Gedanken zu einem zuwanderungspolitischen Konzept, in: ZAR, 3

Association for the Study of the World Refugee Problem (AWR) (1995), Bericht Deutschland des UNHCR-Büros, in: Bulletin, 33, Nr. 2-3, Wien

Bade, K.J. (Hrsg.) (1996a), Die multikulturelle Herausforderung, München

Bade, K.J. (Hrsg.) (1996b), Migration-Ethnizität-Konflikt: Systemfragen und Fallstudien,Osnabrück

Bähr, J./ Jentsch, C./ Kuls, W. (1992), Bevölkerungsgeographie, Berlin

Bälz, K. (1997), Islamisches Recht, staatliche Rechtsetzung und verfassungsgerichtliche Kontrolle, in: ZaöRV, 57/1

Barabas, G./Gieseck, A./Heilemann, U. (1992), Gesamtwirtschaftliche Effekte der Zuwanderung 1988 bis 1991, in: RWI-Mitteilungen, 43, Berlin

Bauer, T. (1997), Lohneffekte der Zuwanderung, in: MittAB, 30, Nürnberg

Beauftragte der Bundesregierung für die Belange der Ausländer (1997a), Integration oder Ausgrenzung? Bonn

Beauftragte der Bundesregierung für Ausländerfragen (Hrsg.) (1997b), Migration und Integration in Zahlen, Bonn

Beauftragte der Bundesregierung für Ausländerfragen (1997c), Bericht über die Lage der Ausländer in der Bundesrepublik Deutschland, Bonn (BT-Drs. 13/9484)

Beger, K.-U. (1997), Weltweite Migration. Hintergründe-Perspektiven für die Zukunft, in: vorgänge, Zeitschrift für Bürgerrechte und Gesellschaftspolitik, Opladen
Bergmann, E./Peters, A. (1994), Ausländer und Wirtschaft, in: Informationen zur Raumentwicklung, Heft 5/6
Bergmann, M. (1996), Aussiedler(innen) 1996 - Lebenssituation im Kontext veränderter Rahmenbedingungen, in: caritas 97, 10
Birg, H. (1996), World Population Projections for the 21st Century, Frankfurt
Birnbaum, P. (1992), Nationalism: a comparison between France and Germany, in: ISSJ, 133
Blaschke, J. (1997), Migration-Ein Bericht über den Forschungsstand unter besonderer Berücksichtigung internationaler Publikationen zur Arbeitsmigration seit 1991 (Materialien zur Bevölkerungswissenschaft, Sonderheft 28), Wiesbaden
Bleckmann, A (1997), Die Wahrung der „nationalen Identität" im Unionsvertrag, in: Juristen-Zeitung, 52
Böcker, A./Vogel, D. (1997), Duldung des Aufenthalts von Ausländern. Hypothesengenerierung am Beispiel Deutschlands und der Niederlande (ZeS-Arbeitspapier Nr. 13/97), Bremen
Börsch-Supan, A.H (1994), Migration, Social Security Systems, and Public Finance, in: Siebert, H. (Hrsg.), Migration: A challenge for Europe, Tübingen
Brinkmann, G. (1994), Europäische Einwanderungspolitik, in: Forschungsinstitut der Friedrich-Ebert-Stiftung (Hrsg.), Von der Ausländer- zur Einwanderungspolitik, Bonn
Brock, L. (1996), Gewalt in den internationalen Beziehungen, in: Meyer, B. (Hrsg.), Eine Welt oder Chaos? Frankfurt a. M.
Brubaker, R. (1994), Staats-Bürger-Deutschland und Frankreich im historischen Vergleich, Hamburg
Bryde, B.-O. (Hrsg.) (1994), Das Recht und die Fremden, Baden-Baden
Bukow, W. D. (1996), Feindbild Minderheit. Ethnisierung und ihre Ziele, Opladen
Bulletin der Bundesregierung vom 11. Januar 1996
Bundesamt für die Anerkennung ausländischer Flüchtlinge (BAFI) (lfd., zuletzt 1998), Geschäftsstatistik, Nürnberg
Bundesanstalt für Arbeit (1997a), Struktur und Entwicklung der Statistik über erteilte Arbeitserlaubnisse im Jahr 1996, Nürnberg
Bundesanstalt für Arbeit (1997 b), Amtliche Nachrichten der Bundesanstalt für Arbeit, Nürnberg
Bundesanstalt für Arbeit (1998), Sozialversicherungspflichtig Beschäftigte, in: Bundesarbeitsblatt, Nürnberg
Bundesministerium des Innern (BMI) (1997), Statistik der Einbürgerungen, Bonn
Bundesministerium des Innern (BMI) (lfd., zuletzt 1998), Info-Dienst Deutsche Aussiedler, Bonn
Bundesministerium für Bildung, Wissenschaft, Forschung und Technologie (Hrsg.) (1997a), Grund- und Strukturdaten 1997/98, Bonn

Bundesministerium für Bildung, Wissenschaft, Forschung und Technologie (1997b), Berufsbildungsbericht 1997, Bonn
Bundesministerium für Wirtschaft (BMWi) (1994), Dokumentation: Ausländer und die deutsche Wirtschaft, Bonn
Bundesverwaltungsamt-Ausländerzentralregister (AZR) (1996), (III 5-20.473.3), Köln
Bundesverwaltungsamt - Ausländerzentralregister (AZR) (1997), Statistische Informationen zur ausländischen Bevölkerung in der Bundesrepublik Deutschland. Eine Dokumentation (Stand: 31.12.1996), Köln
Chan, K. B. (1992), Ethnic Resources, Opportunity Structure and Coping Strategies: Chinese Business in Canada, in: Revue Européenne des Migrations Internationales (REMI), The Chinese Diaspora in Western Countries, 8, Nr. 3
Delfs, S. (1993), Heimatvertriebene, Aussiedler, Spätaussiedler, in: Aus Politik und Zeitgeschichte, Bonn
Deutscher Bundestag, BT-Drs. 13/1188
Deutscher Bundestag, BT-Drs. 13/1189
Deutsches Institut für Wirtschaftsforschung (DIW) (1994), Ausländerintegration und Bildungspolitik, in: DIW-Wochenbericht, 3
Deutsches Institut für Wirtschaftsforschung (DIW) (1997), Kaum noch Fortschritte bei der Integration junger Ausländer in das Bildungssystem, in: DIW-Wochenbericht, 23
Deutsches Institut für Wirtschaftsforschung (DIW) (1998), Integration junger Ausländer in das Bildungssystem kommt kaum noch voran, in: DIW-Wochenbericht, 24
Elwert, G (1982), Gesellschaftliche Integration durch Binnenintegration?, in: Kölner Zeitschrift für Soziologie und Sozialpsychologie (KZfSS), 34
Enquete-Kommission Demographischer Wandel des Deutschen Bundestages (1997), Stellungnahmen zur Anhörung „Kommunale Integrationskonzepte“ am 11. November 1996 in Bonn, Kommissions-Drucksache 13/23, Bonn
Enquete-Kommission Demographischer Wandel des Deutschen Bundestages (1998), Zweiter Zwischenbericht, Bonn, BT-Drs. 13/11780
Esser, H. (1980), Aspekte der Wanderungssoziologie: Assimilation und Integration von Wanderern, ethnischen Gruppen und Minderheiten, Darmstadt/Neuwied
Esser, H. (1988), Ethnische Differenzierung und moderne Gesellschaft, in: Zeitschrift für Soziologie, 17
Ethnische Minderheiten in der Bundesrepublik Deutschland, Ein Lexikon (1995), hrsg. von C. Schmalz-Jacobson und G. Hansen, München
Eurostat (1997), Jahrbuch ‘97, Luxemburg
Fairchild, H.P (1925), Immigration: A world movement and its American significances, New York
Franz, W (1993), Zur ökonomischen Bedeutung von Wanderungen und den Möglichkeiten und Grenzen einer Einwanderungspolitik (CILE Diskussionspapier 3), Konstanz

Frick, J./Wagner, G. (1996), Zur sozio-ökonomischen Lage von Zuwanderern in Westdeutschland (DIW Diskussionspapier Nr. 140), Berlin
Grohmann, H. (1996), Einführung zur 66. Jahreshauptversammlung der Deutschen Statistischen Gesellschaft, in: Allgemeines Statistisches Archiv, 80, Göttingen
Haedrich, M./Ruf, W. (Hrsg.) (1996), Globale Krisen und europäische Verantwortung - Visionen für das 21. Jahrhundert, Baden-Baden
Haisken-Denew (1996), Migration and the inter-industry wage structure in Germany, Berlin
Hall, S. (1994), Rassismus, westliche Dominanz und Globalisierung, in: Rassismus und kulturelle Identität (Argument-Sonderband), Hamburg
Heckmann, F. (1992), Ethnische Minderheiten, Volk und Nation. Soziologie interethnischer Beziehungen, Stuttgart
Heckmann, F. (1995), Akkulturation und ethnische Identität, in: Zeitschrift für Kulturaustausch
Heckmann, F./Tomei, V. (1999), Einwanderungsgesellschaft Deutschland-Konfliktpotentiale und Chancen, (Gutachten im Auftrag der Enquete-Kommission Demographischer Wandel des Deutschen Bundestages), Heidelberg
Heberle, R. (1955), Theorie der Wanderungen. Soziologische Betrachtungen, in: Schmollers Jahrbuch für Gesetzgebung, Verwaltung und Volkswirtschaft, 75
Heitmeyer, W. u.a. (1997), Verlockender Fundamentalismus. Türkische Jugendliche in Deutschland, Frankfurt
Herbert, U. (1986), Geschichte der Ausländerbeschäftigung in Deutschland 1880-1980, Bonn
Herrmann, H. (1995), Ausländische Jugendliche in Ausbildung und Beruf, in: Aus Politik und Zeitgeschichte, Bonn
Herzog, R. (1971), Allgemeinen Staatslehre, Frankfurt a.M.
Hettlage-Varjas, A./Hettlage, R. (1995), Übergangsidentitäten im Migrationsprozeß, in: Zeitschrift für Frauenforschung, Bielefeld
Hönekopp, E. (1997), The New Labor Migration as an Instrument of German Foreign Policy, in: Münz, R. (Hrsg.), Migrants, Refugees, and Foreign Policy
Hoffmann, L. (1994), Staatsangehörigkeit und Volksbewußtsein, in: Bryde, B.-O. (Hrsg.), Das Recht und die Fremden, Baden-Baden
Hoffmann-Nowotny, H.-J. (1973), Soziologie des Fremdarbeiterproblems. Eine theoretische und empirische Analyse,
Hoffmann-Nowotny, H.-J. (1996), Soziologische Aspekte der Multikulturalität, in: Bade, K.F. (Hrsg.), Migration-Ethnizität-Konflikt: Systemfragen und Fallstudien, Osnabrück
Institut für Arbeitsmarkt- und Berufsforschung (Hrsg.) (1997), Zahlen-Fibel (BeitrAB 101), Nürnberg
International Monetary Fund (IMF) (1994), International Financial Statistics Yearbook
International Organization for Migration (IOM)/United Nations Conference on Trade and Development (UNCTD) (1996), Foreign Direct Investment, Trade, Aid and Migration, Genf

International Organization for Migration (IOM) (1997), Schriftliche Auskunft vom 11.04.1997, Genf
Internationale Bank für Wiederaufbau und Entwicklung (1995), Weltentwicklungsbericht 1995, Arbeitnehmer im weltweiten Integrationsprozess, Bonn
Jasper, W./Vogt, B. (1999), Integration und Selbstbehauptung-Russische Juden in Deutschland, in: Tribüne, 38
Jedynak, P. (1993), Les habitants du foyer Bisson aiment leur quartier, in: Hommes & Migrations, Nr. 1168
Joppke, C. (1999), Einwanderung und Staatsbürgerschaft in den USA und Deutschland, in: Kölner Zeitschrift für Soziologie und Sozialpsychologie (KZfSS), 51
Kimminich, O. (1985), Rechtsprobleme der polyethnischen Staatsorganisation, München
Kleinhenz, G. (Hrsg.) (1996), Soziale Integration in Europa, Band II, Berlin
Knappe, E./Winkler, A. (Hrsg.) (1997), Sozialstaat im Umbruch, Frankfurt
Kohut, J. u.a. (1999), Neue Strategien gegen Armut, in: UNESCO-Kurier, 40
Kugler, R. (1995), Ausländerrecht. Ein Handbuch, Göttingen
Loeffelholz, H.D. von (1992), Der Beitrag der Ausländer zum wirtschaftlichen Wohlstand in der Bundesrepublik Deutschland, in: Eichholz-Brief, 29, Bonn
MARPLAN (1996), Ausländer in Deutschland, Offenbach
Marx, R. (1997), Reform des Staatsangehörigkeitsrechts: Mythische oder rechtlich begründete Hindernisse?, in: Zeitschrift für Ausländerrecht und Ausländerpolitik, 2
Mayer-Maly, T. (1996), Multikulturalismus und Recht, in: Juristische Blätter (118)
Meyer, B. (Hrsg.) (1996), Eine Welt oder Chaos? Frankfurt a. M.
Meyer, T (1997), Identitäts-Wahn. Die Politisierung des kulturellen Unterschieds, Berlin
Morokvasic, M./Rudolph, H. (Hrsg.) (1994), Wanderungsraum Europa: Menschen und Grenzen in Bewegung, Berlin
Mühlum, A. (1993), Armutswanderung, Asyl und Abwehrverhalten, Globale und nationale Dilemmata, in: Aus Politik und Zeitgeschichte, Bonn
Münz, R./Fassmann, H. (Hrsg.) (1996), Migration in Europa, Frankfurt
Münz, R. (Hrsg.) (1997), Migrants, Refugees, and Foreign Policy, Berlin
Münz, R./Seifert, W./Ulrich, R (1997), Zuwanderung nach Deutschland, Frankfurt
Nebel, M. (o.J.), Migration und Entwicklung. Die Integration von Akademikern und Akademikerinnen sub-saharischer Herkunft in der Bundesrepublik Deutschland und in Frankreich-eine vergleichende Studie (Dissertation Osnabrück 1998), o.O.
Nicklas, H. (1996), Das Phantom des „Kampfs der Kulturen“, in: Haedrich, M./Ruf, W. (Hrsg.), Globale Krisen und europäische Verantwortung-Visionen für das 21. Jahrhundert, Baden-Baden
Nuscheler, F. (1994), Warum und wohin sie wandern?, in: Städte- und Gemeinderat
Nuscheler, F. (1995), Internationale Migration. Flucht und Asyl, Opladen
Oberndörfer, D. (1992), Vom Nationalstaat zur offenen Republik, in: Aus Politik und Zeitgeschichte, Bonn

Oberndörfer, D. (1994), Schutz der kulturellen Freiheit-die multikulturelle Republik, in: Forschungsinstitut der Friedrich-Ebert-Stiftung (Hrsg.), Von der Ausländer- zur Einwanderungspolitik, Bonn
OECD (1997), SOPEMI-Trends in international migration, Annual Report 1996, Paris
Outrive, L. van (1994), Möglichkeiten einer Einwanderungspolitik auf europäischer Ebene, in: Forschungsinstitut der Friedrich-Ebert-Stiftung (Hrsg.), Europäische Einwanderungspolitik, Bonn
Penninx, R. (1993), Einwanderungs- und Minoritätenpolitik der Niederlande, in: Forschungsinstitut der Friedrich-Ebert-Stiftung, (Hrsg.), Partizipation ethnischer Minderheiten-Ein Vergleich zwischen Großbritannien, den Niederlanden und der Bundesrepublik Deutschland, Bonn
Perotti, A./Toulat, P. (1990), Immigration et médias. Le «foulard» surmédiatisé?, Band 2, Nr. 12
Perotti, A. (1993), La pluriculturalité des sociétés européennes, in: Migrations-Société, Band 5, Nr. 30
Petersen, W. (1958), A general typology of migration, in: American Sociological Review (ASR), 23
Pischke, J.-S./Velling, J. (1994), Wage and Employment Effects of Immigration to Germany: An Analysis Based on Local Labour Markets, London
Pollern, H.-I. von, (1998), Die Entwicklung der Asylbewerberzahlen im Jahre 1997, in: Zeitschrift für Ausländerrecht und -politik
Population Reference Bureau (1996), Weltbevölkerung 1996, Washington
Rassismus und kulturelle Identität (Argument-Sonderband), Hamburg 1994
Ravenstein, E. G. (1885), The laws of migration, in: Journal of the Royal Statistical Society, 48 (Reprint New York 1976)
Rheinisch-Westfälisches Institut für Wirtschaftsforschung e.V. (RWI), Essen/Institut für Politikwissenschaft der Universität Münster (1996), Kosten der Nichtintegration ausländischer Zuwanderer (Gutachten im Auftrag des Ministeriums für Arbeit, Gesundheit und Soziales des Landes Nordrhein-Westfalen), Düsseldorf
Rittstieg, H. (1997), Staatsangehörigkeit - wenn nötig zweifach, in: Zeitschrift für deutsche und internationale Politik, 12
Rürup, B./ Sesselmeier, W. (1994), Zu den wichtigsten Auswirkungen von Einwanderung auf Arbeitsmarkt und Sozialversicherung, in: forum demographie und politik, 5
Santel, B. (1995), Migation in und nach Europa; Erfahrungen. Strukturen. Politik, Opladen
Santel, B. (1998), Auf dem Weg zur Konvergenz? Einwanderungspolitik in Deutschland und den Vereinigten Staaten im Vergleich, in: ZAR, 1
Schlikker, M. (1995), Stichwort: Ausländerrecht, in: Ethnische Minderheiten in der Bundesrepublik Deutschland, München
Schmähl, W (1995), Migration und soziale Sicherung - Über die Notwendigkeit einer differenzierten Betrachtung: das Beispiel der gesetzlichen Kranken- und Rentenversicherung, in: Hamburger Jahrbuch für Wirtschafts- und Gesellschaftspolitik,

Schnapper, D. (1994), La communauté des citoyens, Paris
Schwarz, K. (1998), Die Ausländer in Deutschland (unveröffentlichtes Gutachten für die Expertenkommission zur Erstellung des sechsten Familienberichts), Bonn
Sen, F./Goldberg, A. (1994), Türken in Deutschland, München
Sesselmeier, W. / Rürup, B. (1997), Langfristige Wirkungen der Arbeitermigration auf Arbeitsmarkt, Faktorausstattung und Wachstumspfad seit der Reichsgründung, in: Jahrbuch für Wirtschaftsgeschichte 1996/2, Berlin
Siebert, H. (Hrsg.), Migration: A challenge for Europe, Tübingen 1994
SIGMA/Forschungsinstitut der Friedrich-Ebert-Stiftung (FES) (1996), Situation der ausländischen Arbeitnehmer und ihrer Familienangehörigen in der Bundesrepublik Deutschland, Berlin u.a.
Statistisches Bundesamt (1996), Fachserie 5: Bautätigkeit und Wohnungen. 1 %- Gebäude- und Wohnungsstichprobe 1993, Wiesbaden
Statistisches Bundesamt (1997), Bevölkerung und Erwerbstätigkeit, Fachserie 1, Reihe 2 Ausländische Bevölkerung 1996, Wiesbaden
Statistisches Bundesamt (zuletzt 1998), Statistische Jahrbuch...(jährlich), Wiesbaden
Statistisches Bundesamt (1998 a), Bevölkerung und Erwerbstätigkeit, Fachserie 1, Reihe 1 Gebiet und Bevölkerung, Wiesbaden
Straubhaar, T. (1997), Zuwanderung und Sozialstaat: Bedrohung oder Chance ?, in: Knappe, E./ Winkler, A. (Hrsg.), Sozialstaat im Umbruch, Frankfurt
Stiftung Entwicklung und Frieden (1996), Globale Trends, Bonn
Sutor, B. (1995), Nationalbewußtsein und universale politische Ethik, in: Aus Politik und Zeitgeschichte, Bonn
Taylor, C. (1993), Multikulturalismus und die Politik der Anerkennung, Frankfurt
Thomas, W.J./Znaniecki, F. (1984), The Polish Peasant in Europe and America (gekürzte Ausgabe, hrsg. von E. Zaretsky)
Treibel, A. (1990), Migration in modernen Gesellschaften, Soziale Folgen von Einwanderung und Gastarbeit, Weinheim/München
Uihlein, H. (1990), Ausländische Flüchtlinge in der Bundesrepublik Deutschland, Freiburg
UN Commission on Population and Development (UNCPD) (1997), World Population Monitoring 1997, New York
UN Development Program (UNDP) (1994), Human Development Report, New York
UN Development Program (UNDP) (1996), Human Development Report, New York
UNESCO-Kurier (1999), 40, 3
UN Population Division (1995), Trends in Migrant Stock (foreign born), New York
UNHCR/Zentrale Dokumentationsstelle der Freien Wohlfahrtspflege für Flüchtlinge e.V. (ZDWF) (1995), Kriegs- und Bürgerkriegsflüchtlinge in Deutschland, Bonn
UNHCR (1997a), Statistik, Bonn
UNHCR (1997b), Rückkehrerstatistik, Bonn
Wagner, G. (1996), Ausgewählte sozialpolitische Probleme der Eingliederung von Zuwanderern, in: Kleinhenz, G. (Hrsg.), Soziale Integration in Europa, Band II, Berlin

Weber, A. (Hrsg.) (1997), Einwanderungsland Bundesrepublik Deutschland in der Europäischen Union: Gestaltungsauftrag und Regelungsmöglichkeiten, Osnabrück

Welsch, W. (1996), Transkulturalität, in: Universitas - Zeitschrift für interdisziplinäre Wissenschaft, 52,1, Stuttgart

Zarth, M. (1994), Die beschäftigungspolitische Bedeutung ausländischer Arbeitnehmer unter sektoralen und regionalen Aspekten, in: Informationen zur Raumentwicklung, Heft 5/6, Bonn

Zentrum für Türkeistudien (Hrsg.) (1994), Ausländer in der Bundesrepublik Deutschland, Opladen

Zimmer, W. (1996), Die Reform des Ausländerrechts, des Asyl- und Staatsangehörigkeitsrechts in Frankreich und Deutschland, Speyer (Speyerer Forschungsberichte, 163)

Zimmermann, K.F. (1993), Ökonomische Konsequenzen der Migration für den heimischen Arbeitsmarkt, in: Schweizerische Zeitschrift für Volkswirtschaft und Statistik, 129

Abkürzungsverzeichnis:

Abg.	Abgeordnete
Abs.	Absatz
AEVO	Arbeitserlaubnisverordnung
ALLBUS	Allgemeine Bevölkerungsumfrage Sozialwissenschaften
Art.	Artikel
ASAV	Anwerbestoppausnahmeverordnung
ASR	American Sociological Review
AsylVfG	Asylverfahrensgesetz
AuslG	Ausländergesetz
AZR	Ausländerzentralregister
BAFI	Bundesamt für die Anerkennung ausländischer Flüchtlinge
Beitr.AB	Beiträge zur Arbeitsmarkt- und Berufsforschung
BGBL	Bundesgesetzblatt
BKA	Bundeskriminalamt
BMBWFT	Bundesministerium für Bildung,Wissenschaft, Forschung und Technlogie
BMI	Bundesministerium des Inneren
BMWi	Bundesministerium für Wirtschaft
BT-Drs.	Bundestagsdrucksache
BVA	Bundesverwaltungsamt
BverfGE	Bundesverfassungsgericht-Entscheidungen
d.h.	daß heißt
DIW	Deutsches Institut für Wirtschaftsforschung
EU-EWR	Europäische Union-Europäischer Wirtschaftsraum
Eurostat	Statistisches Amt der Europäischen Gemeinschaften
FES	Friedrich Ebert Stiftung
GG	Grundgesetz
HDI	Human Development Index
HRG	Hochschul-Rahmengesetz
Hrsg.	Herausgeber
IMF	International Monetary Fund
IOM	International Organization for Migration
KSZE	Konferenz über Sicherheit und Zusammenarbeit in Europa
KZfSS	Kölner Zeitschrift für Soziologie und Sozialpsychologie
lt.	laut

MittAB	Mitteilungen aus der Arbeitsmarkt- und Berufsforschung
Nr.	Nummer
OECD	Organization for Economic Cooperation and Development
o.J.	ohne Jahresangabe
o.O.	ohne Ortsangabe
RuStAG	Reichs- und Staatsangehörigkeitgesetz
RWI	Rheinisch-Westfälisches Institut für Wirtschaftsforschung
SGB	Sozialgesetzbuch
SOEP	Soziökonomisches Panel
UN	United Nations
UNDP	United Nations Development Programme
UNESCO	United Nations Eductional, Scientific and Cultural Organization
UNHCR	United Nations High Commissioner for Refugees
u.U.	unter Umständen
vgl.	vergleiche
ZA	Zentralarchiv
ZAR	Zeitschrift für Ausländerrecht- und politik
z.T.	zum Teil
z.B.	zum Beispiel